NEUSCHLOSS WORB

Johanna Strübin Rindisbacher

NEUSCHLOSS WORB

Mit einem Vorwort und herausgegeben von

Charles von Graffenried

Beiträge von

Andrea Schüpbach

Maurus Schifferli

Christoph Schläppi

Rudolf von Graffenried

Stämpfli Verlag AG Bern

Frontispiz: Neuschloss Worb, Hoffassade, Eingangspartie mit Portal und Glockentürmchen. (Foto 2001)

ISBN 3-7272-1170-9

© von Graffenried Holding AG, Bern

Alle Rechte vorbehalten

Auslieferung an den Buchhandel: Stämpfli Verlag AG, Bern

Realisierung und konzeptionelle Koordination: Charles von Graffenried, Bern
Konzept, Redaktion und Lektorat: Johanna Strübin Rindisbacher
Korrektorat: Antonia Lüthi, Stämpfli AG, Bern
Buchgestaltung und herstellerische Koordination: Eugen Götz-Gee, ADD, Bern
Satz: ADD Atelier Design+Druck AG, Bern
Reproduktionen: Ast+Jakob AG, Köniz/Bern
Druck: Stämpfli AG, Publikationen, Bern
Einband: Buchbinderei Burkhardt AG, Mönchaltorf

Printed in Switzerland

INHALTSVERZEICHNIS

Vorwort 7

Einführung: Auf dem Weg zum Neuen Schloss 8

ARCHITEKTURGESCHICHTE UND DENKMALPFLEGE

Mauer, Tor und Turm: Ein Wort zum Alten Schloss 15
   Andrea Schüpbach
   Die Herrschaft Worb im Ancien Régime 17

Das Neuschloss: Der spätbarocke Bau 1734–1737 20
  Von Plänen und Bildern:
   ...«ein neüwes schönes und kostbares Schloß»... 20
  Franz Ludwig von Graffenried und die Entstehungsumstände
  zum Schlossbau 25
   Christoph Schläppi
   Albrecht Stürler und das Neuschloss 28
  «vestibule» und *«sallon»*: Der spätbarocke Schlossgrundriss 29
  Feuer und Wasser: Zur Haustechnik im 18. Jahrhundert 32
  «Souvenirs de Worb»: Interieurbilder vom Herbst 1831 36
  Wer war im Oktober 1831 im Neuschloss zu Gast? 42

Das Neuschloss: Die Entstehung der heutigen Erscheinung
zwischen 1898 und 1992 43
   Johanna Strübin Rindisbacher
   «17 Dächer und Gebäude zu unterhalten»:
   Schlossherren und Schlossgüter zur Zeit des neuen Bundesstaates .. 43
  Leihcampagne, Gutsherrensitz und Haushaltungsschule:
  Das Neuschloss im 19. Jahrhundert 46
  Zusätzliche Zimmer und eine Terrasse:
  Der Umbau Eduard von Goumoëns' im Jahre 1898 48
  Zentralheizung und Kachelofen:
  Die neubarocke Villa aus der Zeit des Ersten Weltkrieges .. 52
  Denkmalpflegerische Erneuerung und unterirdische
  Erweiterung 1989–1992 60

GARTEN UND PARK

Der formale Garten 1734–1737 69
  Der spätbarocke Gartenplan zum Neuen Schloss
  und seine Vorbilder 69
  Eine Planvariante 72

Maurus Schifferli
    Geometrie und Hierarchie: Die Grundlagen des formalen Gartens   73
    Allee und Parterre: Die Bestandteile des formalen Gartens 75
    Gartenplan und Geländeform 76
    Der formale Garten und die barocken Sternfestungen 81
    Ein Garten zum Spazieren... 83
    ...und eine Bühne für den Auftritt der Herrschaft 84
    Ein Garten voller Wasserspiele... 85
    ...und seltener Pflanzen zum Vorzeigen 87

Veränderungen und Wiederherstellung im 19. und 20. Jahrhundert 90
    Gartenidylle: Bilderbogen vom Herbst 1831 90
    Maurus Schifferli
    Arkadien oder die Suche nach einer Traumlandschaft 93
    Trauerweide und Rundweg: Der Park des 19. Jahrhunderts 95
    Neubarocke Elemente im Park um 1900 99
    Die Rekonstruktion des spätbarocken Gartens 1985–1991 106

HERRSCHAFTSHERREN, SCHLOSSBESITZER
Drei bernische Kurzbiografien
und die Lebensgeschichte des Gründers von New Bern

Rudolf von Graffenried, Johanna Strübin Rindisbacher
Christoph von Graffenried (1603–1687),
der erste alleinige Herrschaftsherr des Namens 113

Rudolf von Graffenried
Christoph von Graffenried, Christopher deGraffenried (1661–1743),
der Gründer von New Bern 114

Andrea Schüpbach
Karl Emanuel von Graffenried (1732–1780),
Botaniker und Humanist 124

Johanna Strübin Rindisbacher
Philipp Georg Friedrich von Goumoëns (1819–1879),
Gemeindepräsident und Grossrat 126

ANHANG

Zeittafel der Bau- und Umbaugeschichte des Neuschlosses
und des Gartens 130
Verzeichnis der Fachwörter 131
Literatur und Quellen (Auswahl) 133
    Literatur, Nachschlagewerke, gedruckte Quellen 133
    Unveröffentlichte Quellen, Pläne, Dokumentationen 135
Abbildungsnachweis 137
Die Neuschlossbesitzer – eine Kurzübersicht 138
Übersichtstafel zur Besitzergeschichte des Neuschlosses Worb 141

Vorwort

Im Laufe der Jahre habe ich drei kulturell bedeutende historische Immobilien im Bernbiet erworben und mit denkmalpflegerischer Hilfe und Unterstützung renoviert und zur nachhaltigen Erhaltung einer passenden Nutzung zugeführt:

1971–1976 den Berner Holländerturm am Waisenhausplatz
1986–1992 das Neuschloss Worb
1997–1998 die Berner Staldenwache an der Gerechtigkeitsgasse 2.

Für jedes dieser drei Projekte wurde ein reich bebildertes Buch herausgegeben.

Der vorliegende Band ist eine Neuauflage des vergriffenen 1992 im Benteli Verlag erschienenen und von Markus F. Rubli kreierten ersten Neuschloss-Worb-Buches. Dieses Werk bildete die Ausgangslage für die vorliegende Neuauflage, ein Teil der Bilder und die Tafel zur Besitzergeschichte wurden daraus übernommen. Der Gesamtcharakter, das Format, der Einband und Umschlag fügen sich in die Reihe der drei vorgenannten Bücher ein. Der Inhalt wurde indessen neu erarbeitet, die Akzente anders gelegt und der Text von Grund auf neu geschrieben. Dabei konnte die Verfasserin Frau Dr. Johanna Strübin Rindisbacher, Kunsthistorikerin, auf die gute Zusammenarbeit mit Markus F. Rubli zählen, wofür ihm Dank gebührt.

Inhaltlicher Schwerpunkt der ersten Auflage ist die Besitzergeschichte; die neue Ausgabe stellt die Architektur und Gartenarchitektur in den Vordergrund, zudem die Art und Weise, wie Haus und Garten im Laufe der Epochen ausgestattet und genutzt worden sind. Da die erste Auflage andere inhaltliche Schwerpunkte setzt, löst das neue Buch das ältere nicht einfach ab, sondern kommt quasi als eigenständiger Band dazu.

Die Autorin, der ich für ihre ausgezeichnete Arbeit grossen Dank schulde, profitierte von der Fachdiskussion mit verschiedenen Spezialisten, dem Architekturhistoriker und Stürler-Spezialisten Christoph Schläppi, lic. phil., Bern, Maurus Schifferli, Landschaftsarchitekt HTL BSLA, Bern, der Historikerin Andrea Schüpbach, Bern, und Peter Paul Stöckli, Landschaftsarchitekt BSLA, Wettingen.

Das Kapitel über Christoph von Graffenried, den Amerikafahrer, stellte freundlicherweise mein Vetter, Rudolf von Graffenried, Gerzensee, langjähriger Präsident der Familienkiste von Graffenried, zur Verfügung.

Ich danke ebenfalls dem Buchgestalter Eugen Götz-Gee für die überzeugende Präsentation und herstellerische Betreuung dieses Werkes.

Charles von Graffenried

Einführung: Auf dem Weg zum Neuen Schloss

«Wer heute von Bern nach Luzern fährt, sieht linker Hand über Worb auf kurze Zeit am Westabhang der Emmentaler Berge ein mittelalterliches Schloss von gar trotziger Gestalt und etwa einen Büchsenschuss mittagwärts auf gleicher Höhe, zwischen mächtigen alten Bäumen, ein elegantes Lustschlösschen, wie nur das 18. Jahrhundert sie auszudenken wusste.»

Der bernische Dichter Rudolf von Tavel leitete mit diesem Bild seine Erzählung «*Der Landgraf und sein Sohn*» ein. Die Helden der Novelle sind Herrschaftsherren zu Worb; sie lebten im 18. Jahrhundert. Dass sie den Nachnamen von Graffenried trugen, steht nicht im Text. Doch die Vornamen der handelnden Personen und die Handlung selbst treffen exakt auf eine historische Begebenheit in der Familiengeschichte der von Graffenried von Worb zu, wie sie in alten Schriften dokumentiert ist. Es geht um die Umstände, die zum Bau des Neuen Schlosses geführt haben (S. 25–27).

>
Abb. 2: Worb, ehemaliges Schlossgut und Schlossscheune.
 Als herrschaftlicher Pintenschenk erbaut, wurde das Bauernhaus (links) 1865 nach einem Brand wieder aufgebaut. Die ehemalige Schlossscheune (rechts) wurde 1879 nach einem Brand neu errichtet. Seit 1906 sind beide im Besitz der Familie Bernhard. (Aufnahme 2003)

Abb. 1: Franz Friedrich Freudenberger (1804–1862), Album «*Souvenirs de Worb*», Nr. 13. «*Worb, von der Eychmatt im 8ber 1831*».

Eine mit breiter Feder gezeichnete bäuerliche Idylle rahmt die mit feinem Strich gezeichnete Aussicht auf die beiden Schlösser von Worb. Es ist dieses Bild, das der bernische Dichter Rudolf von Tavel ein Jahrhundert nach der Entstehung der Zeichnung beschrieb: die wehrhafte Burg linker Hand, das elegante Schlösschen rechts davon in der Ebene zwischen grossen Bäumen. In derart golden verklärter Umgebung siedelte der Dichter seine Erzählungen besonders gerne an.

Heute hat man bei der Fahrt durch Worb kaum noch freie Sicht auf beide Schlösser. Und wenn man zur Grossmatt auf der rechten Talseite emporfährt, die Häuser des Dorfes hinter sich lässt und hangaufwärts blickt, versteckt sich das Neue Schloss hinter Reihen kleiner Bäume mit kugeligen Kronen. Auf dem Plateau angelangt, lenkt ein stattlicher Bauernbetrieb linker Hand die Aufmerksamkeit auf sich. Hier stand einst der so genannte Pintenschenk, eines der beiden herrschaftlichen Wirtshäuser, heute ist es ein Bauernbetrieb, als Schlossgut bekannt (Abb. 2). Am oberen Ende des geräumigen Hofplatzes steht die ehemalige Schlossscheune, ein schöner Riegbau, im vorletzten Jahrhundert nach einem Brandfall neu aufgebaut. Dazwischen, im Schatten alter, hoher Bäume, mündet der Hof in den Brückenweg zum Alten Schloss, dessen spitzer Turmhelm über die Baumkronen ragt. Wir folgen jedoch der Strasse, die bergwärts führt, und biegen dann kurzum nach rechts in die Farbstrasse ab (Abb. 3, 4).

Unterhalb der Farbstrasse dehnt sich die Grossmatt aus, eine breite Geländestufe, die bis heute frei ist von Bauten. Oberhalb des Weges, am Hangfuss, stehen die Häuser der Wohnsiedlungen Bleiche. Der Flurname erinnert an die Leinenbleicherei und -färberei, die seit dem 17. Jahrhundert hier betrieben worden waren. Auf einer Ansicht des späten 18. Jahrhunderts sind auf der Wiese oberhalb der Strasse, wo jetzt die Siedlung steht, die Stoffbahnen zu sehen, die man zum Bleichen an die Sonne ausgebreitet hatte (Abb. 13, S. 19). Christoph von Graffenried, dem wir weiter unten als Herrschaftsherr begegnen werden (S. 15, 113), hatte hier ein Tuchgewerbe angesiedelt. Das Gewerbe hatte goldenen Boden – nicht nur für die Betreibenden, sondern auch für die Herrschaft; denn die Färber und Bleicher und andere Gewerbetreibende mussten der Herrschaft Abgaben abliefern (S. 18, 19).

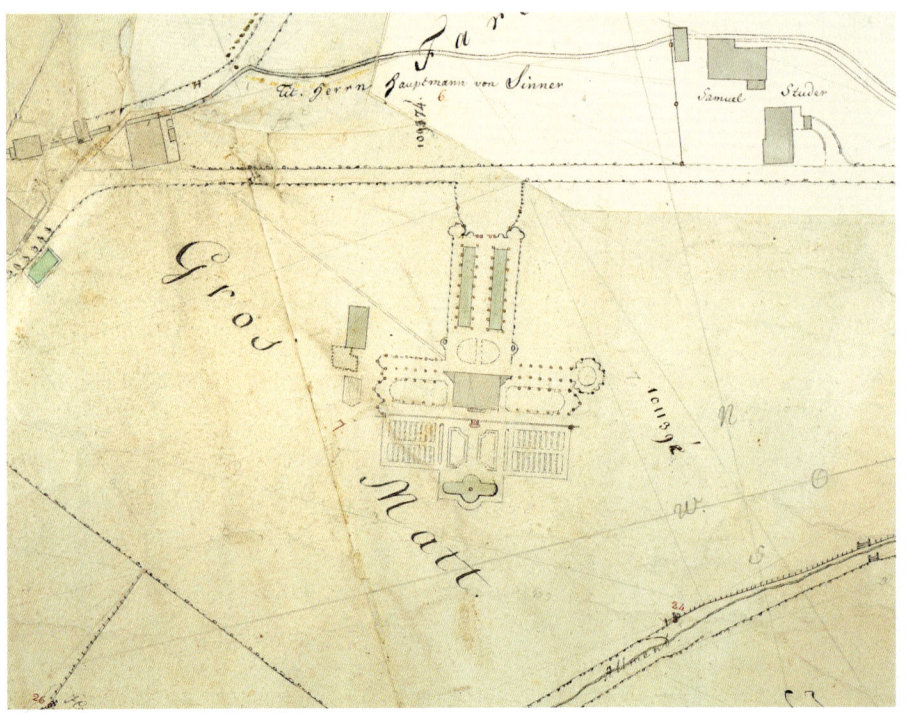

Abb. 4: Zehntplan Worb-Richigen, 1815, Ausschnitt.
Der Zehntplan wurde vom Schlossherrn Philipp Rudolf von Sinner bei Jakob Bollin, Notar und Geometer, in Auftrag gegeben. Der Ausschnitt zeigt das Neue Schloss an der Farbstrasse, die von einer Hecke mit Bäumen gesäumt ist, oberhalb davon verläuft der Gewerbekanal in der Farbmatte. Schräg über die Grossmatt geht ein Fussweg. Er verbindet das Schloss mit der Schlossscheune, wo damals die Pferde und die Wagen eingestellt waren. (Tusche und Aquarell)

Abb. 3: Flugaufnahme von Neuschloss und Grossmatt.

In der Vogelschau ist das Neuschloss mit ausgedehnten Gartenanlagen in der Mitte der sonst unbebauten Grossmatt zu erkennen. Oberhalb davon (nördlich) verläuft die Farbstrasse. Von den historischen Gebäuden, die ehemals zum Herrschaftsbesitz gehörten, liegen links oben die ehemalige Schlossscheune, rechts oben die Gebäude der Farb. Dazwischen liegt die Wohnsiedlung Bleiche. (Flugaufnahme um 2000)

Die Energie und das Spülwasser für das Tuchgewerbe lieferte der Kanal, der von Enggistein her gegen Worb fliesst. Ein weitsichtiger Herrschaftsherr, der Ritter Johann von Kien, hatte um 1340 von den Grafen von Kyburg das Recht erkauft, oberhalb Enggisteins einen Teil des Biglenbaches abzuzweigen. Er liess dem Wasser ein Kanalbett graben, das über die Läng- und Grossmatt zum Alten Schloss Worb führt (Abb. 5). Unterhalb davon, am steilen Schlossstalden, trieb der Kanal ehemals mehrere Wasserräder an, u.a. diejenigen der Schlossmühle und der Hammerschmiede. Die Gebäude bestehen bis heute; die einst so wichtigen Betriebe allerdings sind verschwunden.

Abb. 5: Der Gewerbekanal, der Wasser vom Biglenbach führt, auf der Grossmatt. Rechts die Gebäude der Farb. (Foto März 1991)

Wir folgen der Farbstrasse, die wie der Bach die Hangterrasse in der Länge durchmisst. Felder und Wiesen in den satten Farben des Hochsommers überziehen das leicht geneigte und sanft gewellte Plateau. Vom Neuen Schloss ist immer noch nichts zu sehen. Nur eine Natursteinmauer am unteren Strassenrand und eine Reihe von hohen alten Lindenbäumen lassen erahnen, dass sich dahinter ein herrschaftliches Anwesen verbirgt. Linden auf der einen und immergrüne Büsche auf der anderen Seite säumen dann auch die Schlosszufahrt, werfen tiefe Schatten und verdecken die Sicht. Auf der linken Seite der Einfahrt stehen ehemalige Dependenzgebäude aus der vorletzten Jahrhundertwende. Sie gehören leider nicht mehr zum Schloss. Ein Gittertor verwehrt die Weiterfahrt. Es öffnet sich langsam und lautlos, nachdem wir uns durch die Gegensprechanlage angemeldet haben. Auf dem weiten Parkplatz, der hinter den Lindenbäumen rechter Hand liegt, sind wir an diesem Sommernachmittag allein. Dass das Parkangebot auf grosse Anlässe ausgerichtet ist, wird hier sofort klar. Die dazugehörenden grossen Räumlichkeiten bleiben vorderhand verborgen.

Abb. 6: Neuschloss Worb, Eingangsfassade. (Foto 2001)

Der Schlossherr geleitet uns durch eine Öffnung in einer mannshohen, in Form geschnittenen Thujahecke. Und mit einem Schlag ändert sich die Szenerie. Wir stehen im gepflästerten Hof vor der festlich weissen Nordfassade des Schlosses (Abb. 6). Der rechteckige Hofraum ist auf drei Seiten mit immergrünen Hecken eingefasst (Abb. 7). Vor uns – in der Mitte der Fassade – liegt das Schlossportal. Ein Brunnen liegt hinter uns, dem Portal exakt gegenüber (Abb. 8). Vom Brunnen zum Eingang, genau durch die Mitte des Hofes, führt die Mittelachse der spätbarocken Schlossanlage. Sie weist den Weg, auf welchem sich das Schloss und der Garten von ihrer besten Seite präsentieren.

Aber wir verweilen noch im Nordhof. An seinen beiden Schmalseiten bilden die in Form geschnittenen Hecken je eine halbrunde Nische, worin eine Statue auf ihrem Podest steht. Es sind Kopien von allegorischen Sandsteinfiguren aus der Zeit um 1775 (Abb. 145, 146, S. 108). Im Vorhof des Neuschlosses Worb wurden sie durch den heutigen Schlossherrn im Jahre 1991 platziert. Zu dieser Zeit erhielt der Vorhof seine aktuelle Form: Alte Bilder und Pläne lieferten die Umrisse. Denn schon zur Bauzeit in der ersten Hälfte des 18. Jahrhunderts lag hier ein von Hecken eingefasster Ehrenhof. Anstelle der Statuen waren damals elegante Schalenbrunnen in den Heckennischen aufgestellt (Abb. 104, S. 86).

Abb. 7: Neuschloss Worb, der Hof gegen Osten. Links die Tore der Vorfahrt, rechts die Schlossfassade. Der gepflästerte Hof ist mit geschnittenen Thujahecken eingefasst. An den Breitseiten stehen Statuen in Heckennischen. (Foto 2002)

Nichts weist darauf hin, dass unter diesem Hofplatz unterirdische Bauten liegen. Es sind nebst einer Einstellhalle und einer Werkstatt grosse Konferenz- und Bankettsäle mit Nebenräumen. Sie wurden im Vorfeld der Schlossrenovation in den Jahren 1989/90 erstellt und im Laufe der 1990er Jahre ausgebaut. Ihretwegen ist auch der grosse Parkplatz notwendig.

Abb. 8: Neuschloss Worb, Vorhof, Brunnen mit Stock und Trog aus Kalkstein, um 1900 aufgestellt. (Foto 2001)

Das spätbarocke Schlossgebäude wurde in den Jahren 1990–1992 von Charles von Graffenried mit dem Rat des ersten Denkmalpflegers des Kantons Bern, Hermann von Fischer, renoviert. Vorher, in den Jahren 1985–1989, war der barocke Südgarten nach dem Projekt des Gartenarchitekten Peter Paul Stöckli, Wettingen, der sich an historischen Plänen und Grabungsbefunden kundig gemacht hatte, in der alten Form wiederhergestellt worden. Im Laufe von anderthalb Jahrhunderten seit seiner Entstehung hatte er sich allmählich verändert. Zuletzt war er eingewachsen mit hohen Bäumen. Heute präsentiert er sich wieder in seiner spätbarocken Urform.

ARCHITEKTURGESCHICHTE UND DENKMALPFLEGE

Mauer, Tor und Turm: Ein Wort zum Alten Schloss

Rudolf von Tavel bezeichnete in der Einführung zu seiner eingangs erwähnten Erzählung das Alte Schloss als mittelalterliches Bauwerk und charakterisierte es als «trotzigen» Wehrbau. Das vom Dichter herangezogene Bild geht von der mittelalterlichen Burg mit abweisenden Mauern, Tor und Türmen aus und prägt den Begriff bis heute. Er trifft nicht auf das Neue Schloss zu, hingegen auf das Alte.

Das Alte Schloss sieht man zuerst, wenn man von Bern nach Worb fährt und vom Plateau bei Rüfenacht ins Worblental hinunterschicht. Es steht beherrschend und von weitem sichtbar über dem Dorf. Ein hoher Mauerring umschliesst den Bergfried, den Palas und die weiteren Gebäude. Den Schlosshof erreicht man bis heute über eine Brücke und durch ein verschliessbares Tor (Abb. 9). Das mittelalterliche Schloss wurde als Wehranlage gebaut. Den Festungscharakter behielt es bis heute.

Das Alte Schloss, dessen Anfänge ins 11. Jahrhundert zurückreichen, erhielt seine heutige Gestalt im «Herbst des Mittelalters». Die bernische Adelsfamilie von Diesbach gab ihm seine wahrzeichenhafte Gestalt, als sie es um die Mitte des 15. Jahrhunderts zum Wohnschloss herrichtete. Bergfried und Palas wurden aufgestockt und mit mächtigen Walmdächern und Turmspitzen versehen. Damals taugten die mittelalterlichen Wehreinrichtungen, der Mauerring und der Bergfried mit seinen Schiessscharten und Pecherkern, schon nicht mehr zur Verteidigung in einem Belagerungskrieg (Erklärung der Fachwörter S. 131, 132). Denn sie waren für die Abwehr von mittelalterlichen Wurfmaschinen und Handwaffen konstruiert worden; inzwischen gab es aber Pulvergewehre und Kanonen. Deren Geschossen hätte das Alte Schloss nicht lange standhalten können. Die Bauherren von Diesbach brauchten die wehrhafte mittelalterliche Bauweise weniger zur Verteidigung, sondern vielmehr als Zeichen ihres gesellschaftlichen Ranges.

Das Alte Schloss war als Wahrzeichen und Zentrum der Herrschaft Worb, Wikartswil und Trimstein gebaut worden (S. 17). Christoph von Graffenried (1603–1687, Abb. 150, S. 112) war der erste Herr zu Worb seines Geschlechts, der alle Herrschaftsrechte in seiner Hand vereinigte. Das gelang ihm 1668 (Abb. 11). Ein Jahr darauf, 1669, porträtierte der bernische Landschafts- und Stilllebenmaler Albrecht Kauw das Schloss in einer Aquarellvedute, die im Bernischen Historischen Museum aufbewahrt wird. So wissen wir heute, wie das Schloss am Anfang der Alleinherrschaft der von Graffenried ausgesehen hat (Abb. 10).

<
Abb. 9: Das Alte Schloss Worb. Vorbereich mit Brücke, Vorwerk mit Gärtnerhaus und Tor, dahinter Bergfried und Palas (im Schatten). (Foto 2003)

Abb. 10: *«Worrb», «Albrecht Kauw deliniav. 1669».*

Kauw porträtierte die Herrschaft Worb mit Schloss und Dorf. Die Bauernhäuser entlang der Talstrasse sind mit tiefgezogenen schindelgedeckten Walmdächern charakterisiert. Links neben der Kirche steht die Zehntscheune und die Wirtschaft, heute Löwen, beide mit Ziegeldächern und Firststangen als herrschaftliche Gebäude gekennzeichnet. Auch am Schlossstalden, der sich zwischen Kirche und Schloss hinzieht, stehen herrschaftliche Gewerbebauten, und die Häusergruppe mit Pintenschenk und Schlossscheune rechts neben dem Schloss trägt die herrschaftlichen Attribute. (Feder, Aquarell, 21,5 × 68,5 cm)

Das sehr stattliche Schloss präsentiert sich auf dem Aquarell mit einem zinnenbewehrten Mauerring. Darüber hinaus ragen die Schlossgebäude mit ihren spitzen Dächern. Auf keinem First durften die Stangen mit Knäufen und Wimpeln fehlen. An der talseitigen Südmauer zeigt eine Reihe von Kuppelfenstern und ein mit Brettern verschalter Laubenbau an, dass man dort unlängst eine neue Wohnung eingebaut hatte. Sie war gut besonnt und hatte im Obergeschoss eine Flucht von grossen, hellen Zimmern. Die Wohnungen in den alten Schlossgebäuden waren hingegen auf mehrere Geschosse verteilt, eher schattig und dunkel. Sie entsprachen den zeitgenössischen Vorstellungen von bequemem Wohnen gegen das Ende des 17. Jahrhunderts immer weniger.

Das Alte Schloss behielt seine Stellung als Zentrum der Herrschaft bis zum Ende des Ancien Régime. Hier wohnten und regierten die Herrschaftsherren von Graffenried von Worb bis 1792. Sie besassen viele der Entscheidungsbefugnisse, die heute dem Staat obliegen, und hatten dafür das Recht, Zinsen und Steuern einzufordern (siehe unten). Auch nach dem Verlust dieser Privilegien im frühen 19. Jahrhundert residierten die Gutsherren der Familien von Sinner und von Goumoëns im Alten Schloss (S. 139–143).

> **Abb. 11:** Gedenkscheibe für Christoph von Graffenried (1603–1687, S. 112, 113), im Jahre 1726 von Anton von Graffenried (1639–1730, S. 114) in den Chor der Kirche Worb gestiftet.

Im Zentrum steht das Wappen von Graffenried mit brennendem Baumstamm, darüber ein Spangenhelm mit Krone, darauf der lateinische Wahlspruch: *lucet et ardet*. Die Inschrift unter dem Wappen erinnert an die Herrschaft Christophs über Worb, Wikartswil und Trimstein, die dieser 1646 als Mitherr antrat und seit 1668 bis zu seinem Tode im Jahre 1687 als alleiniger Herrschaftsherr führte.

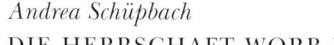

Andrea Schüpbach
DIE HERRSCHAFT WORB IM ANCIEN RÉGIME

Twing und Bann

Der Twingherr von Worb regierte seit ca. 1498 über die «Twinge» Worb, Wikartswil und Trimstein. Er verfügte in diesen Bezirken über «Twing und Bann». «Zwingen» und «bannen» heisst so viel wie Gebote und Verbote erlassen.

Der Twingherr hatte die Schirmgewalt über die Herrschaftsleute, d.h., er sorgte für Rechtssicherheit und verteidigte sie via Gericht nach aussen. Neben der Gerichtsherrschaft besass er die Verwaltungshoheit. Die lokale Gesetzgebungs- und Verwaltungstätigkeit des Twingherrn widerspiegelt sich in Mandaten, die das dörfliche Zusammenleben regelten und der Gemeinde in der Kirche von der Kanzel verlesen wurden. Als Grundherr konnte der Twingherr Gewerbe errichten, zudem besass er die Oberhoheit über einige Bauerngüter. Weiter verfügte er über den Kirchensatz. Daran erinnern die Gedenkscheiben und Grabplatten mehrerer Herrschaftsherren im Chor der Kirche Worb (Abb. 11). Der Twingherr führte auch die Aufsicht über Fremde: Wollte sich ein Auswärtiger in der Herrschaft niederlassen, musste er beim Twingherrn eine Bewilligung einholen.

Aus den Herrschaftsrechten des Twingherrn leitete sich der Anspruch auf zahlreiche Abgaben ab. Aus dem Richteramt erwuchsen dem Twingherrn Einnahmen aus Bussen, Siegelgeldern und anderen Gebühren. Der Kirchensatz berechtigte ihn, den Zehnt einzuziehen. Bäuerliche und gewerbliche Bodenzinse sowie der Ehrschatz standen ihm als Grundherr zu. Ein Auswärtiger, der in der Herrschaft Worb Liegenschaften kaufen wollte,

Abb. 12: Plan der Herrschaft Worb von Johann Ludwig Reinhard, 1723.

In der Wappenkartusche, die von grau in grau gemalten Jagd- und Fischereiszenen eingerahmt ist, steht: «*Plan Der Herrschafft Worb dem Hochge. Ehrten Herren Herren Anth. V. Graffenried Gewesener Gubernator zu Ählen und dißmaliger Schuldtheiß zu Murten Zugehörend*». Anton von Graffenried liess den Plan nach seiner Herrschaftsübernahme im Jahr 1721 aufnehmen. Die Dörfer und Weiler sind folgendermassen bezeichnet (von oben nach unten): *Wickers Wyl* (Wickartswil), *Bahn-Garten* (Bangerten), *Watten Wyl, Rychigen, Trim Stein, Filberingen* (Vielbringen). Die Herrschaft Worb umfasste die Twinge Worb, Wikartswil und Trimstein. Zum «Twing» Worb gehörten das Dorf Worb sowie Richigen, Enggistein und Wattenwil. Die Kirchgemeinde Worb war grösser als der Twing Worb, da sie auch Rüfenacht und Vielbringen einschloss, die im Stadtgericht lagen. (Tusche, Aquarell, 142 × 170 cm)

musste dem Twingherrn Einzugsgeld bezahlen. Hintersassen, also alle Einwohner der Herrschaft, die nicht Burger waren, mussten ihm jährlich die Hälfte des Hintersassengelds abliefern. Weiter beanspruchte der Twingherr das Jagd- und Fischereiprivileg und Nutzungsrechte an der Allmende.

Gericht und Verwaltung

Die Herrschaft Worb war eine eigenständige Gerichts- und Verwaltungseinheit (Abb. 12). Der Twingherr besass die niedere und mittlere Gerichtsbarkeit, die zivilrechtliche Angelegenheiten wie Schulden oder Erbe und kleinere Delikte (z. B. Ehrverletzung, leichte Körperverletzung) umfasste. Für niedergerichtliche Streitsachen waren sowohl ein Geschworenengericht als auch ein Einzelrichter zuständig. Der Twingherr, oft vertreten durch den Ammann, präsidierte das Geschworenengericht und amtete selbst als Einzelrichter. Die Urteile der Gerichte in Worb konnten an die Appellationskammer des Rats in Bern weitergezogen werden. In hochgerichtlichen Fällen jedoch wurden die Worber direkt vor den Rat der Stadt Bern gebracht. Die hohe Gerichtsbarkeit beinhaltete die Rechtsprechung über schwere Verbrechen wie Mord, Raub oder Notzucht.

Seit der Reformation hatte auch die Kirchgemeinde gerichtliche Aufgaben: Das Chorgericht (= Sittengericht) urteilte über Vergehen gegen Sittlichkeit und Religion. Vor das Chorgericht, das sich aus Chorrichtern und dem Pfarrer als Schriftführer zusammensetzte, wurde zitiert, wer z. B. die Predigt versäumte, fluchte oder sich mit seinem Ehepartner stritt. Die Appellationsinstanz war das Oberchorgericht der Stadt Bern.

Die Worber Herrschaftsleute nahmen selbst bestimmte Verwaltungsaufgaben wahr. Die Rechtsamebesitzer (= stimm- und nutzungsberechtigte Landbesitzer) kamen auf Gemeindeversammlungen in den Vierteln zusammen, um über kommunale Angelegenheiten zu beraten. In den Aufgabenbereich dieser Viertelsgemeinden gehörten das Armen- und Schulwesen, die Feuerpolizei sowie der Unterhalt von Brücken, Bächen, Strassen und der Allmende.

Landwirtschaft und Zehnt

Die Herrschaft Worb lag in der Übergangszone zwischen Dreizelgen- und Feldgraswirtschaft. Es wurde Getreide, v. a. Dinkel und Hafer, angepflanzt, auf einem kleineren Teil der Nutzfläche Gemüse, Obst, Flachs und Hanf, ab dem 18. Jh. auch Kartoffeln. Neben dem Ackerbau wurde Viehzucht betrieben. Die Allmende war Gemeingut und wurde als Viehweide genutzt. Der Wald lieferte zudem Holz zum Bauen, Zäunen und Heizen.

Die wichtigste Einnahme aus der Landwirtschaft war für den Twingherrn der Zehnt. Der grosse Zehnt wurde auf Getreide und Hülsenfrüchten erhoben, der kleine Zehnt auf Flachs, Kartoffeln, Rüben, Obst und Karotten. Die Lehensbauern zahlten Bodenzinse, die aus Getreide, Geld, Hühnern und Eiern bestanden. Diese bäuerlichen Bodenzinse flossen nicht ausschliesslich an den Twingherrn, sondern u. a. auch ans Inselspital in Bern oder an die Pfrund Worb.

Der Twingherr besass auch eigene landwirtschaftlich genutzte Güter. Daran erinnert bis heute die Schloss-

Abb. 13: Johann Wolfgang Kleemann, «*Vue Générale des Alpes et Glacieres Prise du Château de Worb.*» 1785.

Von einem Aussichtspunkt oberhalb des Alten Schlosses Worb sieht man die beiden Schlösser vor dem Hügel- und Alpenpanorama. Am Aussichtspunkt ist als besondere Attraktion ein runder Weiher mit Springbrunnen angelegt. Unterhalb des Alten Schlosses sieht man die Brücke, den Pintenschenk und die Schlossscheune. Links davon ist die Bleiche mit den ausgebreiteten Stoffbahnen zu sehen, und etwas weiter hinten das Neue Schloss inmitten von Bäumen. Rechts daneben steht das Ofenhaus.

scheune (Abb. 2, S. 9). Zum Pflügen, Heuen und Ernten konnte der Twingherr seine Herrschaftsleute zum Ehrtagwan aufbieten.

Gewerbe und Zins

Obwohl in der Herrschaft Worb die Landwirtschaft dominierte, waren insbesondere im Dorfviertel Worb zahlreiche Gewerbebetriebe angesiedelt. Das Gewerbe entwickelte sich am Kanal, der Wasser vom Biglenbach nach Worb führte und die Wasserräder am Stalden antrieb. Einige Gewerbe benötigten eine obrigkeitliche Konzession. Die ehaften Gewerbe, zu denen Mühlen, Tavernen, Schmieden und Metzgereien gehörten, waren ebenfalls konzessionspflichtig, genossen aber überdies Sonderrechte und waren zum Dienst an der Allgemeinheit verpflichtet. Die konzessionierten Betriebe zahlten dem Twingherrn einen jährlichen Boden- oder Lehenszins und bei Handänderungen den Ehrschatz.

1393 wird erstmals die Twingmühle am Stalden erwähnt (Abb. 43, S. 44). Später kamen eine Reibe und eine Stampfe dazu, die Getreidekörner zu Mus zerquetschten oder Flachs und Hanf brachen. Weitere Mühlen standen in Trimstein, Nesselbank und im Hosbach bei Walkringen. Mit der Bewilligung des Rats von Bern im Jahr 1679, eine «*färbe, bleike, walke und mange*» zu errichten, waren die gesetzlichen Grundlagen für die Tuchverarbeitung geschaffen. Die Tücher, meist Leinen, wurden durch die Sonne gebleicht und danach gefärbt (Abb. 13). Das Walken verdichtete den Stoff, und in der Mange wurde er durch Walzen geglättet. Von ca. 1782 bis 1793 bedruckte eine Fabrik Indienne-Stoffe.

Vom 15. bis zum 18. Jh. entstanden entlang des Enggisteinbachs weitere Betriebe wie Huf- und Hammerschmiede, Sensenschmiede, Nagelschmiede, Schlosserschmiede, Schleife, Sägerei und Ölpresse. Von 1609 an bestand in Richigen eine Gerberei, der eine Lohrindenstampfe angeschlossen war; diese gewann den Gerbstoff für die Lederbehandlung aus Eichen- oder Fichtenrinden.

Die Herrschaft Worb blieb in ihrer territorialen und rechtlichen Form bis zum Einmarsch der napoleonischen Truppen 1798 bestehen.

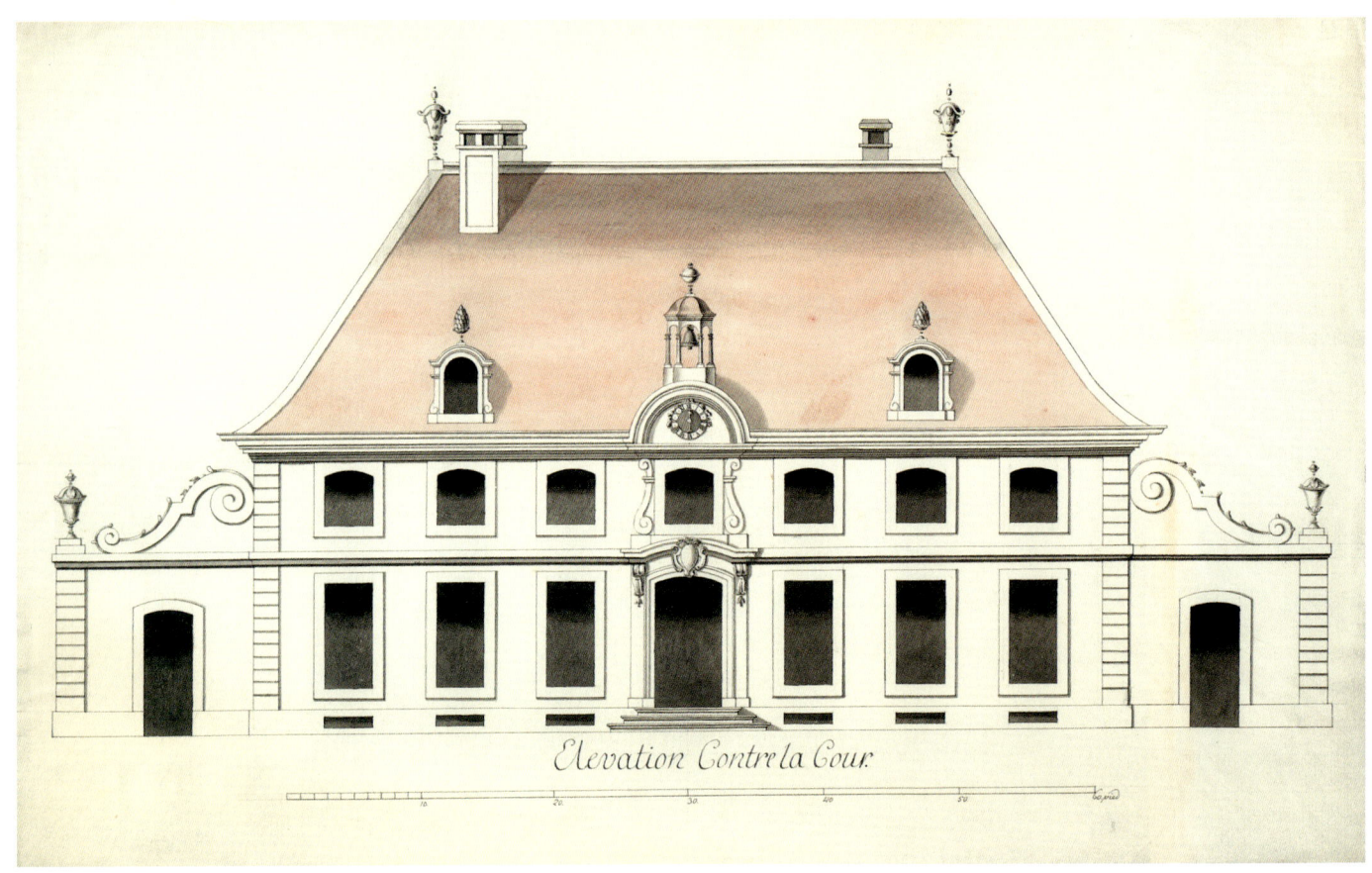

Das Neuschloss: Der spätbarocke Bau 1734–1737

Von Plänen und Bildern:
... «ein neüwes schönes und kostbares Schloß» ...

Nach den Aufzeichnungen eines Chronisten, des Burgdorfer Pfarrherrn Gruner, entstand das Neue Schloss im Jahre 1734. Die Ausstattung folgte in den Jahren darauf: Die Kachel eines erhaltenen bemalten Ofens im Obergeschoss des Neuschlosses trägt die Jahrzahl 1737 (Abb. 77–80, S. 67).

Das Neue Schloss liegt, wie es der Chronist umschreibt, *«außerher dem Schloß Worb in der Matten»*. Es steht auf der offenen Grossmatt (Abb. 3, 4, S. 10). Und was schon die Bauherren der Zeit besonders schätzen: Das Hauptgeschoss liegt zu ebener Erde, vom Gartensaal kann man über drei Treppenstufen direkt in den prachtvollen Garten hinaustreten. Wehrhaftigkeit dient im 18. Jahrhundert endgültig nicht mehr als Kennzeichen des adeligen Wohnsitzes. Neue Merkmale prägen den Herrschaftssitz: Er wirkt einladend und festlich. Die elegante, strahlend weiss verputzte Fassade beherrscht das Bild, durchbrochen von einer regelmässigen Reihe grosser Fenster. Die Architektur des Schlosses dehnt sich – im Gegensatz zu derjenigen der mittelalterlichen Burg – in der Breite aus. Geschoss- und Kranzgesims, beide aus Sandstein und mit reichem Profil, unterstreichen die Waagrechte.

Abb. 14: Albrecht Stürler (zugeschrieben), Neuschloss Worb, Hoffassade, um 1734, beschriftet: *«elevation contre la cour»*, Massstab in Fussmassen *(pieds)*.

Das Schloss mit hohem Erd- und niederem Obergeschoss trägt ein Walmdach. An beiden Seiten ist die Fassade mit einem eingeschossigen Annexbau verbreitert. Gegengleiche Voluten leiten zum Walmdach über. In der weiss verputzten Fassade sind sandsteinerne Fenstergewände in rhythmischer Reihung eingelassen, in der Mitte das Portal. Über das Dachgesims hinauf ragt der halbrunde Uhrgiebel. Darauf sitzt ein filigranes Glockentürmchen mit einem getriebenen Kugelknauf auf der geschweiften Dachhaube. (Tusche, Aquarell, 33,2 × 53,5 cm)

Abb. 15: Albrecht Stürler (zugeschrieben), Neuschloss Worb, Grundriss des Obergeschosses, um 1734, beschriftet: *«plan de l'attique ou premier etage».*

Die Zimmer sind um den oberen Teil des überhohen Salons angeordnet. Vom geräumigen *«vestibule»* erreichte die Herrschaft die vier Zimmer im Osten (links) über die Enfilade entlang der Aussenfassade, währenddem die Bediensteten den Gang *(«degagement»)* für ihre Verrichtungen benutzten. Im Westen (rechts) liegen zwei Zimmer, davon eines ohne Ofen und Bett, dazwischen die Estrichtreppe. (Tusche, Aquarell, 34,5 x 57 cm)

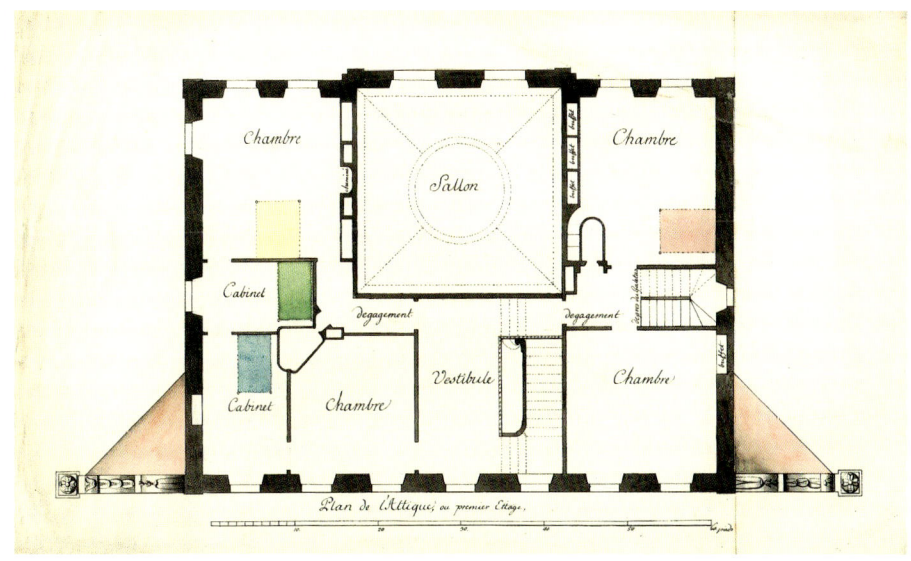

Abb. 16: Albrecht Stürler (zugeschrieben), Neuschloss Worb, Grundriss des Erdgeschosses, um 1734, beschriftet: *«plan du rez de chaussée»,* der Massstab misst 60 Fuss *(pieds),* das sind rund 9 m.

Vom Eingang zum *«vestibule»* und von dort zum grossen *«sallon»* verläuft die Hauptachse. Die Wohnräume sind darum herumgruppiert: Im Osten (links) zwei *«chambres»* und zwei *«cabinets»,* die mit einer Enfilade entlang der Aussenfassade verbunden sind, im Westen (rechts) ein Zimmer *(«chambre»)* und die Küche *(«cuisine»).* Zu Letzterer und zu den Kellern und Toiletten führte ein Gang *(«passage»).* Am südlichen Ende der Eingangshalle setzt die grosse steinerne Treppe an, die zu den Stuben und Schlafräumen im oberen Stock führt. (Tusche, Aquarell, 34,7 x 57,1 cm)

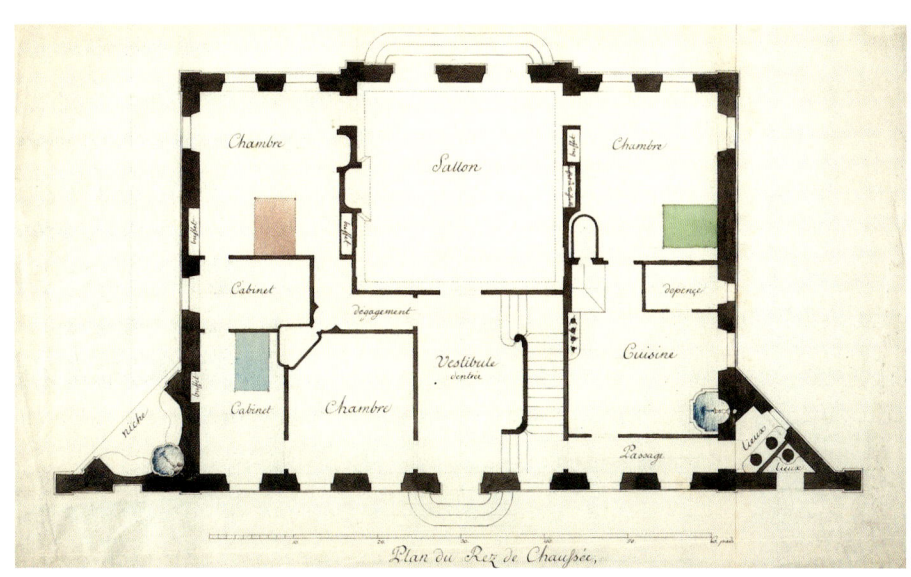

Abb. 17: Albrecht Stürler (zugeschrieben), Neuschloss Worb, Grundriss des Kellers, um 1734, beschriftet: *«plans des fondements et caves».*

Im nördlichen Hausteil (unten) sind die Kellertreppe und die Keller eingetragen. Die Kellerräume im Westen sind mit Tonnen gewölbt. Der östlichste Keller erhielt kein Gewölbe, wie auf dem Plan vorgesehen, sondern eine Balkendecke. Im südlichen Hausteil, unter den Salons, ist das Haus nicht unterkellert. Ein niederer Luftraum isoliert die Salonböden und schützt sie vor Feuchtigkeit. Beim dreieckigen Unterbau unter dem Toilettenbau im Westen (rechts) ist ein Spülkanal geführt. (Tusche, Aquarell, 34,5 x 57,9 cm)

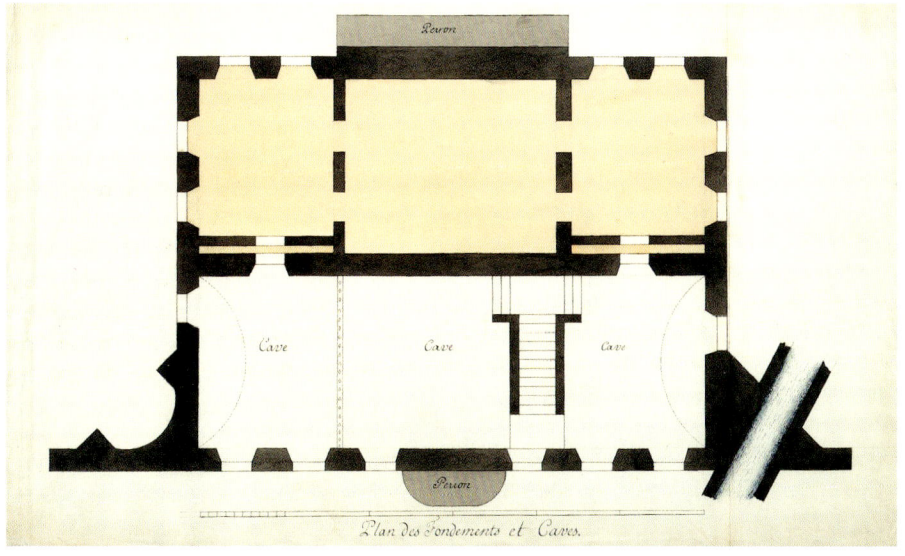

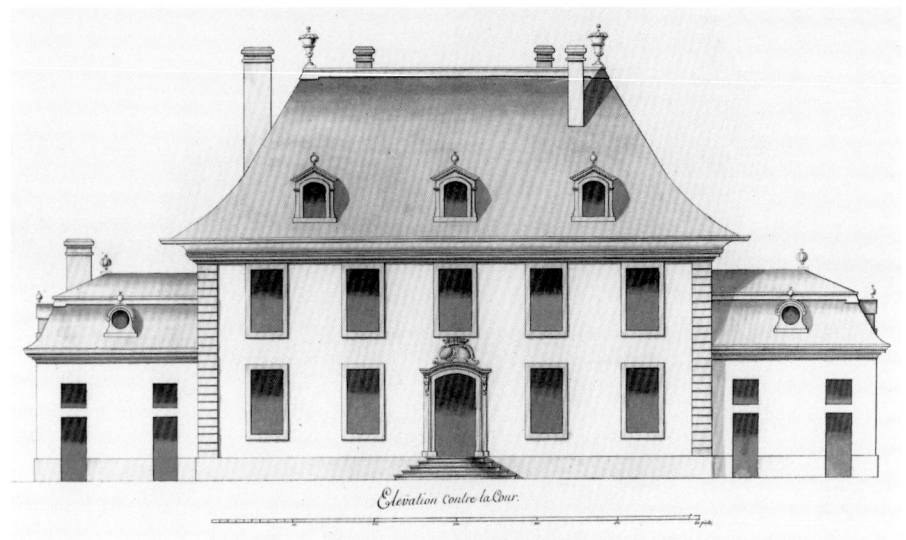

Abb. 18: Albrecht Stürler (zugeschrieben), Alternativprojekt zum Neuschloss Worb mit seitlich angefügten Wirtschaftsbauten, Hoffassade.
Über dem Portal prangt eine Kartusche mit den Allianzwappen des Bauherrn und der Bauherrin, ansonsten ist die Fassade ohne besonderen Aufwand gestaltet. Auf den Firstenden und auf allen Lukarnen stehen Vasen. (Tusche, Aquarell 33,5 x 55,5 cm)

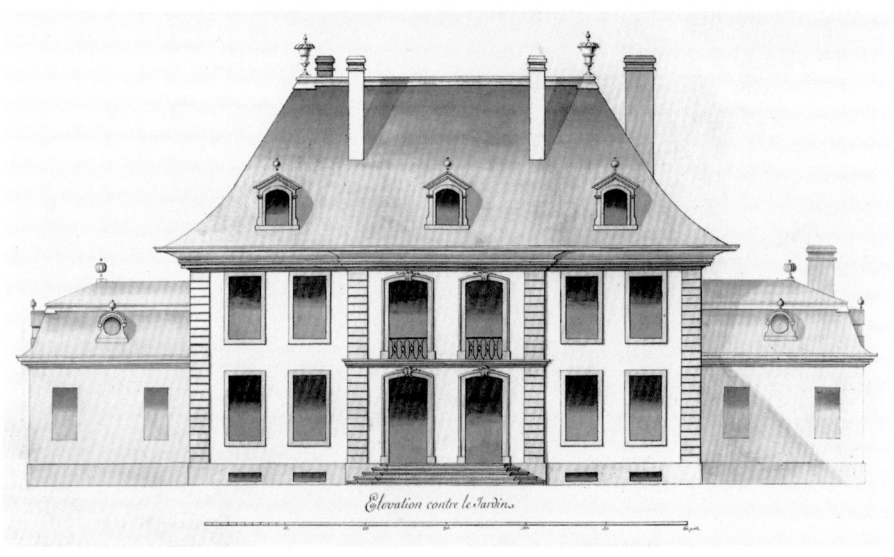

Abb. 19: Albrecht Stürler (zugeschrieben), Alternativprojekt zum Neuschloss Worb, Gartenfassade.
Der Mittelrisalit hat wie das übrige Haus zwei Fensterzonen, dahinter liegen zwei Salons übereinander. Auf einen bekrönenden Dreieckgiebel wurde verzichtet. (Tusche, Aquarell 33,7 x 55,7 cm)

Ein ganzer Satz von schönen Plänen des Neuschlosses ist von der Hand des Architekten erhalten – ein seltener Glücksfall bei privaten Gebäuden (Abb. 14–17). Neben dem ausgeführten Projekt ist ein zweiter Plansatz vom gleichen Format und der gleichen Plangrafik überliefert. Es dürfte sich um ein Alternativprojekt handeln, das der Architekt dem Bauherrn zur Auswahl vorgelegt hatte. Beide Projekte gelangten in das bernische Staatsarchiv, wo man sie heute betrachten und vergleichen kann (Abb. 18–21). Die Pläne weisen handliche Formate von etwa 35 x 55 cm auf und sind sorgfältig mit Tusche gezeichnet und mit Wasserfarbe bemalt, damit der Bauherr sie leicht lesen und sich ein Bild vom Aussehen der vorgeschlagenen Schlossbauten machen konnte. Die beiden Entwürfe haben annähernd dieselbe Grundfläche und dasselbe

Abb. 20: Albrecht Stürler (zugeschrieben), Alternativprojekt zum Neuschloss Worb, Grundriss des Obergeschosses.

Ausser dem Mittelsalon sind alle Zimmer mit Betten ausgestattet. (Tusche, Aquarell 33 x 54,2 cm)

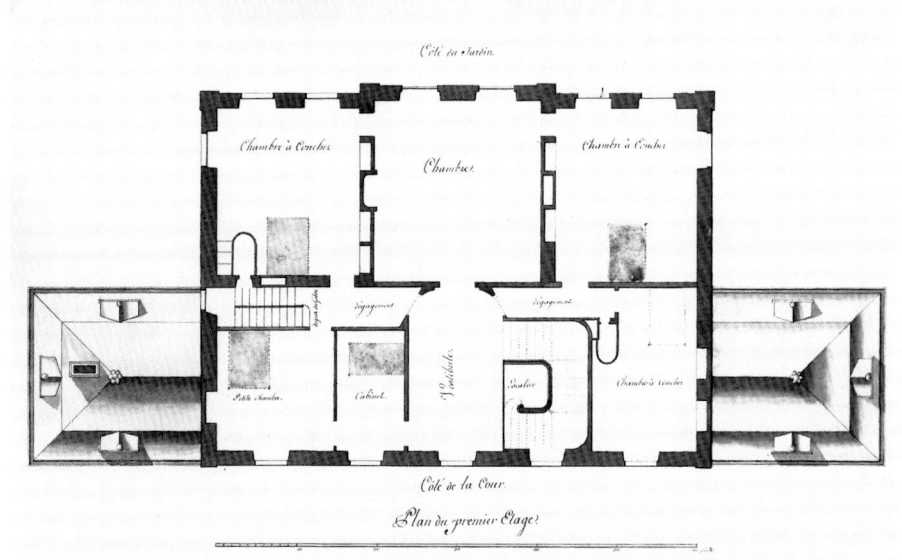

Abb. 21: Albrecht Stürler (zugeschrieben), Alternativprojekt zum Neuschloss Worb, Grundriss des Erdgeschosses.

Der Grundriss weist wie derjenige des ausgeführten Plans drei Gartensalons auf. Dahinter verläuft jedoch ein Mittelgang, der die Küche und das Ofenhaus auf der einen, die Toiletten und den Holzschopf auf der anderen Seite anbindet. (Tusche, Aquarell 33,5 x 53,8 cm)

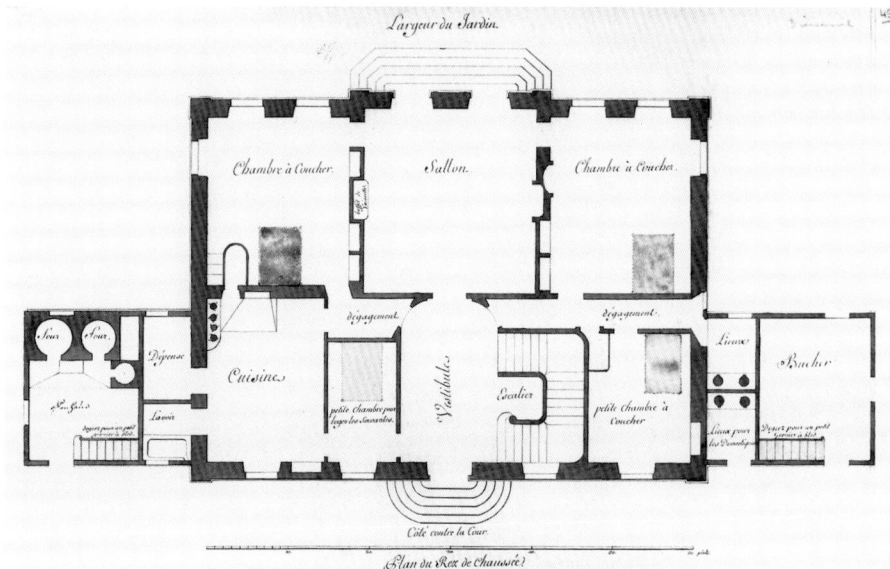

Raumprogramm. Sie unterscheiden sich auf den ersten Blick durch die Hauswirtschaftsräume. Backofen, Waschküche und Holzlager sind im Alternativprojekt in zwei niedrigen Seitenflügeln des Hauptgebäudes angeordnet. Beim ausgeführten Entwurf sind sie in einem frei stehenden Nebenbau, einem Ofen- und Waschhaus, untergebracht, das nicht auf dem Plan erscheint. Der Bauherr entschied sich für das weit elegantere Schlossgebäude mit separatem Wirtschaftsbau. Von Letzterem – er wurde gegen 1900 abgebrochen – ist kein Bild überliefert. Er stand westlich vom Neuen Schloss in der Grossmatt (Abb. 4, S. 10). Hingegen ist ein schöner, nicht ausgeführter Entwurf zum Weiher unterhalb des Gebäudes erhalten (Abb. 22, S. 24).

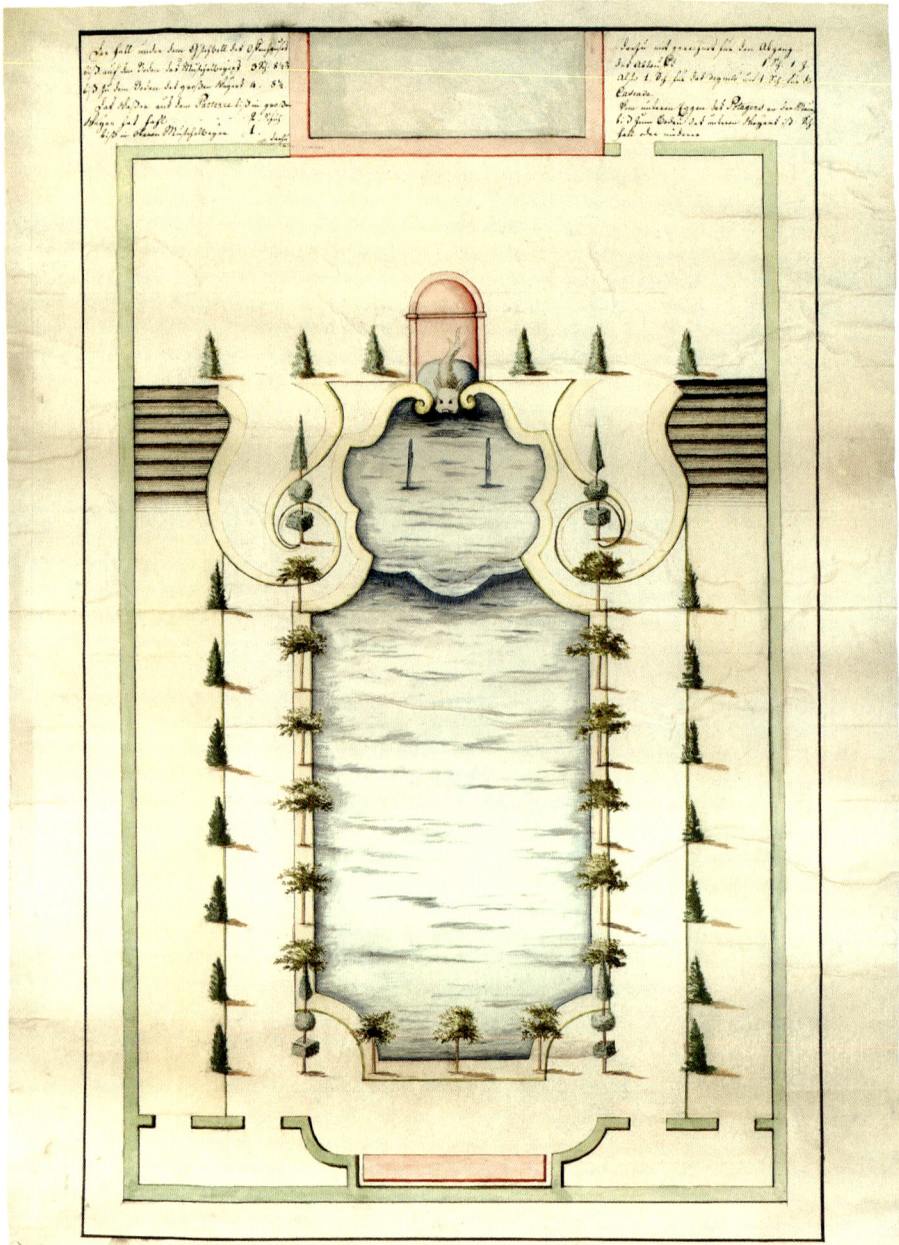

Abb. 22: Unausgeführtes Weiherprojekt, wohl zur Neugestaltung des Feuerweihers unterhalb des Ofenhauses beim Neuschloss.

Ein Delfin (oben) speit das Wasser in das muschelförmige Becken, woraus wiederum Wasser in das grosse Bassin überläuft. An dessen Rand stehen Reihen kleiner Laubbäume. Der Weiher ist von einem Kiesweg umrandet, der zu einer Sitzbank in einer Heckennische führt (unten). Kegelförmig geschnittene immergrüne Büsche in regelmässiger Reihe rahmen die Anlage. (Tusche, Aquarell 44,5 x 32,3 cm)

Das ausgeführte Schlossprojekt ist nicht nur eleganter und um einiges repräsentativer als das Vorprojekt. Es durfte auch etwas mehr kosten. Das kann man z.B. am reicheren Fassadenschmuck ersehen: Haustein und Steinmetzarbeit waren damals wie heute teuer. Drei Grundrisse und ein Fassadenplan, jener der Eingangsfassade, sind dazu erhalten. Die Pläne zeigen am besten, wie sich die spätbarocke Schlossarchitektur im ursprünglichen Zustand präsentierte (Abb. 14, S. 20).

Die Nordfassade des Schlosses, die sich dem Herannahenden zuerst präsentiert, ist symmetrisch und mehrstufig aufgebaut: Zwischen den beiden niederen Annexbauten erhebt sich der eigentliche zweigeschossige Wohnbau und darüber das grosse Walmdach. Die liegenden

Voluten der seitlichen Anbauten bilden mit den Dachgräten eine elegant geschwungene Silhouette. Ihren Anfang und ihr Ende markieren grosse Vasen. Sie stehen auf Podesten und haben bekränzte Deckel. Diejenigen auf den Flügelbauten sind aus Sandstein gehauen, diejenigen auf den Firsten aus Kupferblech getrieben. Ihre Grösse unterstreicht ihre Wichtigkeit als festlichen Schmuck und markante senkrechte Akzente: Sie messen mitsamt Podesten sechs Fuss, sind also etwa 1,80 m oder mannsgross. So mächtig müssen sie sein, um ihre Aufgabe als «bauliche Ausrufezeichen» auch in der Fernsicht wahrnehmen zu können. Derartige Vasen standen auch auf den steinernen Pfosten des Gartentores. Sie sind auf einem Gemälde und einer Zeichnung, von denen weiter unten zu sprechen sein wird, festgehalten (Abb. 26, S. 30).

Fenster in regelmässiger Reihe, Gesimse und Lisenen aus grauem Sandstein gliedern die weiss verputzte Nordfassade. Die hochrechteckigen Fenster des Erdgeschosses bilden zusammen mit den niedrigen Fenstern des ersten Stockes senkrechte Achsen. Sie führen in rhythmischer Abfolge auf das Hauptportal in der Fassadenmitte hin. Kostbare Hausteinreliefs liegen auf dem Tür- und Fenstergewände der Mittelachse. Am Türsturz durfte das Wappen des Bauherrn nicht fehlen. Ein halbrunder Uhrgiebel und ein Glockentürmchen mit geschweifter Dachhaube verlängern die Portalachse über die Traufe hinauf in den Dachbereich.

Zur Südfassade ist kein Plan erhalten, aber Bilder geben Auskunft darüber, wie sie zur Bauzeit ausgesehen hat (Abb. 46, S. 46). Eine leicht aus der Fassadenebene hervortretende Mittelpartie, ein so genannter Risalit, ist durch gebänderte Lisenen von der übrigen Schauseite abgesetzt. Der Risalit trägt einen Giebel mit Wappenrelief und dieser wiederum eine bekrönende Vase. Im ursprünglichen Zustand wies diese Mittelpartie einzig zwei hohe Fenstertüren auf. Der Giebel lag unmittelbar über dem Kranzgesims. Daran konnte man schon von aussen ablesen, dass sich dahinter ein Saal mit überhoher Decke befand (Abb. 116, S. 95).

Franz Ludwig von Graffenried und die Entstehungsumstände zum Schlossbau

Der Bau des Neuen Schlosses erregte Aufsehen, weshalb der Chronist das Ereignis aufschrieb: «*Franz Ludwig von Grafenried bauwete seinem Vater zu Trotz außerher dem Schloss Worb in der Matten ein neüwes schönes und kostbares Schloß, weil sein Vater das Schloß in Peßeß genommen, welches er geglaubt ihm von dem Großvater mit Ausschließung des Vaters vergabet worden zu sein.*»

Franz Ludwig von Graffenried (1703–1754), der Sohn des Amerikafahrers Christoph (S. 114–123), liess das Neue Schloss als zweiten herrschaftlichen Wohnsitz bauen, weil er mit seinem Vater im Zwist um die

Erbfolge lag. Die vom Grossvater Anton festgesetzte Herrschaftsnachfolge (1721/22) und sein Testament (1728) lassen nämlich verschiedene Interpretationen zu (Abb. 151, S. 114). Christoph, der 1722 die Verwaltung der Herrschaft als Stellvertreter seines Vaters übernommen hatte, residierte im Alten Schloss. Nach dem Tod seines Vaters Anton im Jahre 1730 gab er die Herrschaft nicht aus den Händen. Als neuer Herr zu Worb stiftete er in ebendiesem Jahr eine bemalte Scheibe in den Worber Kirchenchor (Abb. 23). 1740 wurde er auf Betreiben der Familie entmündigt.

Daraufhin, am 1. Januar 1741, folgte ihm sein Sohn Franz Ludwig als Herrschaftsherr. Er legte zu diesem Anlass ein neues besonders schönes Herrschaftsbuch an; es ist im Staatsarchiv erhalten. Als Vater Christoph 1743 starb, schlug sein Sohn das Erbe aus und meldete des Vaters Konkurs an. Im Geltstagsrodel, worin die Erbschaft gegen die Schulden aufgewogen wird, sind auch seine persönlichen Besitztümer aufgezählt. Stube um Stube seiner Wohnung im Alten Schloss werden seine Möbel, sein Silber und seine zahlreichen Landkarten verzeichnet und der Geldwert dafür eingesetzt. Christoph hatte mit zwei Töchtern im Alten Schloss gewohnt und war dort 82-jährig gestorben.

Erst Christophs Enkel, Karl Emanuel von Graffenried, zog seinen Grossvater wieder zu Ehren, indem er ihm eine prächtige Grabplatte im Kirchenchor zu Worb stiftete (Abb. 24). Darauf steht in golden gravierten Lettern geschrieben, dass der Stifter das Grabmal in glücklichem Andenken an seinen Grossvater im August des Jahres 1759 errichten liess. Die kostbare Sandsteintafel mit Rocaillenrahmen könnte in der Werkstatt des bernischen Bildhauers Johann Friedrich Funk (1706–1775) geschaffen worden sein, an der besten Adresse für kostbare Bildhauerarbeiten der Zeit in Bern. Sie ist die jüngste und aufwändigste von einem guten Dutzend erhaltener Grabplatten von Worber Herrschaftsherren, von deren Frauen und Kindern.

Die eingangs angesprochene Novelle von Rudolf von Tavel geht entschieden glücklicher aus. Dort einigen sich Vater und Sohn auf die Herrschaftsnachfolge – der Sohn lässt seinem Vater den Vortritt, will aber in angemessener Distanz sein eigenes Landhaus bauen, damit er diesem nicht in die Quere kommt. Vater Christoph freut sich über den Vorschlag seines Sohnes. *«Er holte»*, so der Dichter, *«aus dem Schloß eine Kugelbüchse, lud sie und führte den Sohn an das Ende der Allee. «Wo willst du bauen» fragte er, indem er ihm das Gewehr gab. – Junker Franz legte an, zielte auf einen blühenden Kirschbaum und schoß. Wo der kleine Blütenzweig ins Gras fiel, sollte der Grundstein zu seinem Hause gelegt werden.»*

Die Entstehungsumstände mögen dazu geführt haben, dass das Neue Schloss ein gutes Stück entfernt vom Alten liegt, weiter als bei anderen Schlössern in der bernischen Landschaft. Im späten 17. und im

Abb. 23: Gedenkscheibe des Christoph von Graffenried, des Gründers von New Bern, im Chor der Kirche Worb, gestiftet zum Anlass der Herrschaftsübernahme im Jahre 1730. Die Inschrift lautet: *«Christoff V: Graffenried Burger zu Bern und London. Alt Landtvogt zu yverten, und Herr zu Worb A. 1730»*. (S. 114–123).

Im Zentrum der Komposition, vor einem blauen Hintergrund, steht das ovale Wappenschild mit dem brennenden Baumstamm zwischen zwei goldenen Sternen. Es ist von grünen Palmenwedeln mit goldenen Ranken, roten Früchten und weissen Bändern eingefasst. Dahinter hängt ein weisser Vorhang mit gelber Borte. Darüber schwebt die perlenbesetzte goldene Freiherrenkrone. Die Wappenkartusche steht auf einem architektonischen Unterbau mit Säulen und Fenstern, in dessen Mitte die Schrifttafel eingelassen ist.

18. Jahrhundert entstanden hier viele neue Landsitze. Sie liegen normalerweise nahe bei den älteren Schlossgebäuden, wenn diese denn stehen blieben, so z. B. in Oberdiessbach und Bümpliz. Bauen war eine Lieblingsbeschäftigung mancher Schlossbesitzer der Zeit, und zudem liessen sich die zeitgemässen Wohn- und Repräsentationsansprüche oft durchaus nicht mehr in den mittelalterlichen Schlossgebäuden realisieren. In Worb blieb aber, anders als in anderen vergleichbaren Situationen, das mittelalterliche Schloss der Hauptwohnsitz der Herrschaft.

Franz Ludwig baute das Neue Schloss für sich und seine Familie. Den Anstoss dazu könnte seine zweite Ehe gegeben haben, die er im Jahre 1730 mit Susanna Elisabeth von Graffenried (1711–1791) schloss. Nach dem Verzeichnis aller Haushaltungen und ihrer Bewohner, die in den Jahren 1742 und 1743 in der Herrschaft Worb ansässig waren, wohnten zehn Personen im Neuen Schloss. Darunter wurden drei Männer und drei Knaben gezählt. Franz Ludwigs Sohn gleichen Namens aus erster Ehe (1729–1759) und seine zwei Söhne aus zweiter Ehe, Friedrich und Karl Emanuel (1732–1780, S. 124–126) machten wohl die drei Knaben aus. Zu den drei Männern und den vier Frauen dürften auch nahe stehende Verwandte und vielleicht Bedienstete gezählt worden sein.

Franz Ludwig siedelte 1748 als Landvogt nach Baden über, wo er 1754 starb. Das Neue Schloss diente weiterhin als zweiter Wohnsitz, etwa dann, wenn zwei Herrschaftsherren die Herrschaft gemeinsam führten, manchmal auch als Altenteil oder Wohnung für Herrschaftsanwärter. Dazwischen war es immer wieder über längere Zeit vermietet, meist an Verwandte und Bekannte der Schlossherrenfamilie.

Bereits 1756–1759 war der Worber Herrschaftsschreiber und Notar Peter Zahler im Erdgeschoss eingemietet. 1792 war das Neue Schloss an Hauptmann Tschiffely vermietet, der *«für Haußzins, die Gärten, um alles Obst auf der Großmadt, 15 neue Duplonen oder 96 Kronen»* bezahlte. In diesem Jahr hatte die Herrschaft von Graffenried zu Worb ein Ende. Nachdem die Witfrau des Franz Ludwig, des Erbauers des Neuen Schlosses, Susanna Elisabeth von Graffenried, 1791 gestorben war, veräusserten ihre Erben die Herrschaft im folgenden Jahr an Hauptmann Johann Rudolf von Sinner (1736–1806), Schultheiss von Thun. Er liess aus diesem Anlass sein Wappen über dem Eingang des Südflügels im Alten Schloss anbringen.

Abb. 24: Grabplatte für Christoph von Graffenried, den Gründer von New Bern (1661–1743).

Aus Sandstein, mit dunkel angefärbtem Grund und goldgravierter lateinischer Inschrift. Sie erinnert an die wichtigen Titel, Verdienste und Lebensstationen des Verstorbenen. Weiss bemalte Rocaillen rahmen die Inschrifttafel. Im Wappenfeld im oberen Tafelteil sitzt das Wappen von Graffenried in einer Palmenkartusche mit einem federgeschmückten Hut. Das Grabdenkmal wurde 1759 vom Enkel Karl Emanuel gestiftet und könnte ein Werk des bernischen Bildhauers Johann Friedrich Funk (1706–1775) sein. Es war mit zwölf anderen Grabplatten im Boden des Worber Kirchenchors eingelassen, der Begräbnisstätte der Herrschaftsherren im 17. und 18. Jahrhundert. Heute ist es an der Kirchhofmauer aufgestellt.

Christoph Schläppi
ALBRECHT STÜRLER UND DAS NEUSCHLOSS

Während im späten 18. Jahrhundert mehrere bernische Architekten wie Niklaus Sprüngli, Erasmus Ritter oder Carl Ahasver von Sinner mit persönlich geprägten Lebenswerken aus der Anonymität treten, wurden ihre Vorgänger aus der Generation vor 1750 nur selten als Künstler wahrgenommen; und dies, obschon ihre Werke – das Neue Schloss Worb beweist es – punkto Qualität als ebenbürtig betrachtet werden dürfen. Den einzigen Versuch, den «modernen» Künstlerbegriff auf die Berner «Szene» vor 1750 zu übertragen, unternahm Paul Hofer mit Albrecht Stürler (1705–1748); dieser ist als Mitarbeiter an der Heiliggeistkirche (1726–1728) und als Verfasser des Stiftsgebäudes (1744–1748, Abb. 25), beide in der Stadt Bern, nachgewiesen. Den wenigen signierten Plänen oder anderweitig gesicherten Arbeiten, die einen vertieften Einblick in sein Schaffen zulassen, steht eine überwältigende Fülle an Zuschreibungen aufgrund stilistischer Erwägungen gegenüber. Die Erwähnung von Stürlers Name als Architekt des Neuschlosses Worb fiel im Rahmen dieser Zuschreibungen.

Von Stürlers früher Neigung für die Architektur wissen wir u. a. aufgrund eines so genannten «Säulenbuches», welches er 1724 getreulich mit Feder und Pinsel abzeichnete. Das schon erwähnte Projekt für die Heiliggeistkirche von 1727 mag man als sein Gesellenstück bezeichnen. Ein kurzer Blick auf die Biografie zeigt ein kurzes, von schwerer Krankheit heimgesuchtes Leben. Ambitionen auf einen Grossratssitz werden erst in den letzten Lebensjahren erfüllt. Eine Art Fazit entnehmen wir dem Testament, wo Stürler seinem Neffen Luwig May

«*alle meine architectur bücher, und andere bücher, wie auch die wenigen instrument, so ich bey meinem leben dazu gebraucht*» vermacht, «*ihme wünschend, daß er dermahlen einist dem publico nutzen darmit verschaffen möge, welches ich mir allezeit haben laßen angelegen seyn laßen, ohngeacht aller wiederwärtigkeit und verdruß, die ich bißweilen dabey ausgestanden*».

Die grosse Ausstellung bernischer Architekturzeichnungen (1994 im Bernischen Historischen Museum) rückte ins Bewusstsein, dass neben Stürler eine Gruppe weiterer Zeitgenossen als hoch qualifizierte Architekten in Bern wirkte: Johann Jakob Jenner (1710–1770) beispielsweise, gegen den Stürler 1735 anlässlich der Wahl zum Münsterwerkmeister den Kürzeren zog, Abraham Wild (um 1700–1755), dem aus seiner Studienzeit in Paris ebenfalls

Abb. 25: Albrecht Stürler, Stiftsgebäude in Bern, unausgeführter Fassadenentwurf, 1745. Aufschrift: «*Elevation, von der Façade, gegen dem Kirchplatz, deß Stifft Gebeüwes*».

Vergleichbar mit der Nordfassade des Neuen Schlosses (Abb. 14, S. 20) ist die Art der Zeichnung und der Einsatz der Aquarellfarben. Vergleichbar ist aber auch die Gestaltung des Baukörpers, der sparsame Einsatz der Bauplastik und manche Einzelformen wie die Lukarnen mit der Vase in Form einer Hopfenblüte. (Tusche, Aquarell)

Pläne für die Heiliggeistkirche zugeschrieben werden, und Samuel von Graffenried (1716–1784), dessen beachtliches Haus Marktgasse 40 neben einem weitgehend unerforschten Werk steht. Alle drei lernten ihre Kunst (wie Quellen bezeugen) in Paris, wo mit der Akademie die renommierteste Architektenschule Europas ansässig war. Von Stürler haben wir diesbezüglich keine gesicherten Angaben.

Vor diesem Hintergrund verdient die auffällige zeichnerische und entwerferische Nähe zwischen den signierten Studien und Entwürfen Stürlers für die Hauptfassade des Stiftsgebäudes und der Serie der Worb-Pläne besondere Aufmerksamkeit (Abb. 14, S. 20). Ohne dies hier ausführlich begründen zu können, darf Worb als eine der plausibelsten Zuschreibungen an Stürler bezeichnet werden. Somit gewinnt das Neuschloss bzw. die für dieses verfertigten Zeichnungen die Rolle eines Kronzeugen bei der Erforschung dieser schwierigen, aber interessanten Epoche.

Fragen wirft die grosse Spanne von rund zehn Jahren zwischen der Entstehung der Plansätze von Stift und Neuschloss auf. Unbeantwortet bleibt ausserdem, welche Rolle im Projekt der oben erwähnte Samuel von Graffenried, ein Cousin des Bauherrn, spielte. Als junger Mann hat er auf der Baustelle ganz sicher Erfahrungen gesammelt und, wer weiss, vielleicht sogar ein Wort mitgeredet.

«vestibule» und «sallon»: Der spätbarocke Schlossgrundriss

Haus und Garten des Neuen Schlosses Worb sind in einem Zuge und als ein Ganzes geplant und gebaut worden (Abb. 82, S. 70). Der Architekt richtete seinen Entwurf nach den Wohnbedürfnissen und Architekturvorstellungen des Bauherrn sowie nach dessen Geldbeutel, dann auch nach der Lage und Beschaffenheit des Bauplatzes aus. Aber er musste keine älteren Gebäudeteile in seinen Entwurf einbeziehen, wie das z. B. bei mittelalterlichen Schlössern die Regel war. Er konnte seine Idealvorstellungen umsetzen.

Unter den Bauplänen des Architekten sind drei Grundrisse (Abb. 15–17, S. 21). Die Pläne sind mit vielen Einzelheiten ausgestaltet und erzählen manch Wissenswertes über die Wohnverhältnisse und Einrichtungen des Bauherrn und seiner Familie. Die Räume und der Grundplan des heutigen Schlosses sind nicht in ihrer ursprünglichen Form erhalten, da das Haus unter mehreren Malen umgebaut und den jeweiligen Komfortansprüchen der Zeit angepasst worden ist (S. 43–68). Deshalb wird die Beschreibung der Pläne im Folgenden in der Vergangenheit gehalten. In Klammern sind jeweils die Raumbezeichnungen angeführt, die im originalen Bauplan eingetragen sind. Dessen Beschriftung ist französisch abgefasst, in der bevorzugten Sprache der bernischen Oberschicht der Bauzeit.

Die Architekturformen, die im 18. Jahrhundert zum gehobenen Lebensstandard gehörten, kündeten sich schon auf der Vorfahrt zum Neuen Schloss an. Ein Gartentor mit gemauerten Pfeilern bildete den Auftakt zur Schlossvorfahrt und zum Ehrenhof (Abb. 26). Damit das kleine Schloss sich dem Herankommenden etwas stattlicher präsentierte, als es in Wirklichkeit war, brauchte der Architekt einen Kunstgriff. Er verbreitete die Fassade im Erdgeschoss auf beiden Seiten um einen ebenerdigen Mauerteil mit einer Türe. Kleine Annexbauten auf dreieckigem Grundriss lagen dahinter. Dass sie lediglich die Toiletten auf der einen und eine Brunnennische auf der anderen Seite enthielten, liess die prächtige Hoffassade nicht ahnen (Abb. 14, S. 20).

Im Hausinnern setzte sich die gerade Achse der Schlossvorfahrt fort. Man betrat durch das Portal eine Treppenhalle, im Plan als *«vestibule»* bezeichnet. Der Besucher wurde von hier geradewegs zum Gartensaal (*«sallon»*) geleitet, dem grössten und schönsten Raum des Schlosses. Der Gartensaal war in der ursprünglichen Anlage überhoch, höher als die anderen Räume des Erdgeschosses, und erhielt dadurch ein eindrucksvolles Format. Er heisst Gartensaal, weil er – bis heute – direkt auf

Abb. 26: Johann Jakob Biedermann (1763–1840), Jagdgesellschaft, 1789.

Der Maler inszenierte eine galante Ankunftsszene nach einer Jagdpartie und setzte als Kulisse den Nordhof des Neuen Schlosses Worb dahinter, gleichsam als Idealbild eines bernischen Landsitzes im ausgehenden Ancien Régime. Zwei längsrechteckige Wasserbassins mit Springbrunnen, von Alleen aus Säulenpappeln begleitet, säumen den Schlosszugang. Als hinteren Bildabschluss wählte der Maler aus seinen Skizzen nicht, wie in Wirklichkeit, die Nordfassade des Neuen Schlosses, sondern dessen repräsentativere Südfassade. Er arbeitete getreu der Wirklichkeit dessen hohes Erd- und ein niederes Obergeschoss und den übergiebelten Mittelrisalit heraus, worin zwei überhohe Fenstertüren eingebettet sind. (Öl auf Leinwand, 45 × 62 cm)

Abb. 27: Neuschloss Worb, Mittelsalon im Erdgeschoss. Die beiden Fenstertüren gehen direkt auf den Garten. Im originalen Zustand waren die Salondecke und damit auch die Fenstertüren überhoch, höher als diejenigen der übrigen Erdgeschossräume und höher als heute.

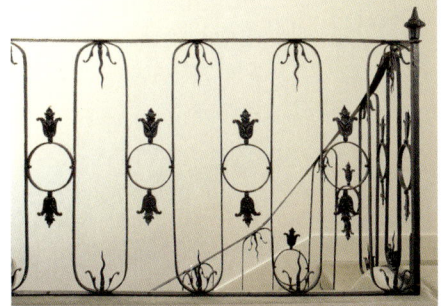

Abb. 28: Neuschloss Worb, originales Treppengeländer aus geschmiedetem Eisen mit Paaren von Parallelstäben, die oben und unten mit einem Bogen verbunden und mit einer feinen Ranke verziert sind. Dazwischen sind Kreise mit geschmiedeten Lilienornamenten eingefügt.

Abb. 29: Neuschloss Worb, originale Deckenkonstruktion im Nordwestzimmer des Obergeschosses. Balken mit eingeschobenen Brettern und Deckleisten. Die Fasen an den Balken zeigen, dass die Decke auf Sicht geschaffen wurde, also ehemals sichtbar war und keine Verkleidung aufwies wie die herrschaftlichen Wohnräume. (Foto um 1990)

den Garten geht und mit zwei hohen Fenstertüren zu diesem geöffnet werden kann (Abb. 27). Der Salon oder Gartensaal diente auch als Esszimmer, wie der Geschirrschrank (*«buffet de vaisselle»*), genau gegenüber dem Cheminée angeordnet, verrät (Abb. 16, S. 21).

Vom Gartensalon aus konnte man in beide seitlichen Salons an der Südseite des Hauses treten. Sie waren kleiner und niedriger als der Gartensaal, aber neben diesem doch die beiden wichtigsten Wohnräume im Parterre. Beide Eckzimmer waren heizbar, beide enthielten ein Bett und einen Wandschrank (*«buffet»*). Es waren wohl die Wohn- und Schlafstuben angesehener Familienmitglieder.

Die Türöffnungen bildeten dadurch, dass sie auf einer geraden Linie lagen und, wenn sie offen standen, eine durchgehende Raumflucht zuliessen, eine so genannte Enfilade. Das war in der Barockzeit die bevorzugte Verbindung und Erschliessung von Haupträumen. Gefangene Räume störten die Bewohner, anders als heute, nicht. Für die Bediensteten hingegen gab es Servicegänge in der Hausmitte, *«degagement»* genannt, durch die diese ausserhalb der Salons zirkulieren und ihre Arbeit verrichten konnten.

Das geräumige, mit Sandsteinplatten ausgelegte Vestibül war der zentrale Verkehrsraum im Schloss, von welchem aus die Herrschaft und die Bediensteten alle anderen Hausteile erreichten. Am südlichen Ende der Eingangshalle setzt rechter Hand heute noch die grosse sandsteinerne Treppe an, die im Wesentlichen mitsamt dem eisernen Geländer aus der Bauzeit erhalten ist (Abb. 28).

Das Obergeschoss hatte einen ähnlichen Grundriss wie das Parterre, die Räume waren aber entschieden niedriger. Vier Zimmer waren mit Betten ausgestattet, alle konnten geheizt werden ausser dem Zimmer über der Küche im Nordwesteck. Dieses blieb auch ohne weitere Ausstattung. Es hatte offenbar eine andere Funktion als die anderen Räume (Abb. 29).

Feuer und Wasser: Zur Haustechnik im 18. Jahrhundert

Die Konstruktion des Hauses entspricht den damaligen Gepflogenheiten. Der Keller im nordwestlichen Bereich hat ein sandsteinernes Tonnengewölbe, der Keller unter dem nordöstlichen Hauseck eine mit gewölbten Backsteinlagen ausgefachte Balkendecke. Unter den Südzimmern ist lediglich ein niederer Luftraum ausgespart. Er wird durch Schlitze im Sockelbereich der Fassade durchlüftet. Man verwendete für den Bau der Umfassungsmauern Bruchsteinmauerwerk, für die Eckverbände und Gewände Werkstücke aus Sandstein. Die Binnenwände sind in Riegwerk konstruiert, mit Bruchsteinen ausgefacht, die Türgerichte aus Holz eingesetzt. Für die Salon- und Zimmerdecken sind Balkenlagen gespannt, zumeist quer zur Firstrichtung, und wie die Zimmerwände verkleidet und verputzt. Ein prächtiges Zimmerwerk stellt der Dachstuhl dar (Abb. 30).

Abb. 30: Neuschloss Worb, spätbarocke Dachkonstruktion.
   Der liegende Dachstuhl besteht aus einer Reihe von Bindern, die mit Bügen in sich verstrebt und mit kreuzförmigen Windverbänden gegenseitig ausgesteift sind. Die Binder sind durch die waagrechten Pfetten verbunden, worauf die Sparren liegen. Einblick in den Bereich des aufgestockten Giebeldreiecks, unten die angehobenen Zimmerdecken. Bei der Renovation 1990–1992 wurden angefaulte Balkenenden ausgewechselt und das Dach ausgebaut. (Foto Juni 1990)

Abb. 31: Neuschloss Worb, Cheminée des Salons im südöstlichen Hauseck, mit Einfassung in Régenceformen aus rosa gesprenkeltem Grindelwaldner Marmor. Diese schöne Arbeit könnte aus der Werkstatt des Bildhauers Johann Friedrich Funk (1706–1775) stammen, die er 1732 in Bern eröffnet hatte.

Die sechs Salons und Stuben zu ebener Erde und die meisten Zimmer im Obergeschoss hatten einen Kachelofen oder ein offenes Kamin. Die Feuerstellen waren so angeordnet, dass der Rauch durch insgesamt drei Kaminzüge abziehen konnte (Abb. 14, S. 20). Der Gartensaal und die östlich angrenzende Stube im Erdgeschoss verfügten über je ein Cheminée. Diese waren in der Zwischenwand nebeneinander angeordnet. So konnte der Rauch beider Feuerstellen durch den gleichen Kaminzug entweichen. Die beiden eleganten Kamine aus der Bauzeit, aus Grindelwaldner Marmor geschaffen, stehen an ihrem ursprünglichen Ort (Abb. 31, 32).

Die drei Zimmer im nordöstlichen Hauseck hatten einen gemeinsamen Ofen mit dreieckiger Grundform. Er lag an der gemeinsamen Zimmerecke. Eingefeuert wurde von den Bediensteten im Servicegang. Den Ofen des Zimmers im südwestlichen Hauseck feuerte die Köchin in der Küche ein. Die Feuerstelle lag am Kochherd, an einer offenen Feuerstelle mit Rauchfang, der im Plan eingezeichnet ist. So konnten diese Feuerstellen mit einem einzigen Kaminzug versehen werden.

Eine besonders fortschrittliche Einrichtung stellt der Brunnen mit laufendem Wasser in der Küchenecke dar. Normalerweise holten die Bediensteten zu dieser Zeit das Wasser am Brunnen im Hof.

Abb. 32: Neuschloss Worb, Saloncheminée mit eleganter Einfassung in Régenceformen aus grünlichem Marmor aus Grindelwald. Konzipiert für den ursprünglich überhohen Salon, hat es ein mächtiges Format. Es könnte aus der Werkstatt des angesehenen Bildhauers Joseph Friedrich Funk (1706–1775) in Bern stammen. Über dem Cheminée hängt das Porträt Anton von Graffenrieds (siehe Abb. 151, S. 114).

Abb. 33: Grottennische beim Landsitz Oberried ob Belp, am äusseren Ende der Allee, mit zwei überlaufenden Wasserbecken. Ähnlich darf man sich die Grottennische beim Neuschloss Worb vorstellen. (Foto 2003)

Abb. 34: Franz Friedrich Freudenberger (1804–1862), Album *«Souvenirs de Worb»*, Nr. 26, *«Nische des neuen Schlosses zu Worb. fec, 8b 1831»*. Brunnennische im östlichen Annex des Neuschlosses.

Die Grottennische im östlichen Annexbau, einst mit fliessendem Wasser, das aus einer Nische mit kleinem Grottengewölbe und von einem oberen in ein unteres muschelförmiges Brunnenbecken floss. Der Brunnen war 1831 schon nicht mehr in Betrieb, die beiden Becken waren mit Blumen bepflanzt. Die ganze Nische ist halbrund und mit zwei eleganten Biedermeierbänken ausgestattet. (Aquarellierte Bleistiftzeichnung)

Die Toiletten (*«lieux»*) waren im westlichen der beiden dreieckigen Annexe untergebracht, die an die Nordfassade angelehnt sind. Eine Zweiertoilette war vom Vestibül über den Küchengang (*«passage»*) erreichbar, eine Einertoilette über die Nordfassade vom Hof oder Garten.

Die Abtritte lagen damals normalerweise ausserhalb der Wohnung, damit der Geruch, welchen die Toilettenanlagen vor der Einführung von Wasserspülung und Siphon verursachten, sich nicht im Haus verbreiten konnte. Die Aborte lagen über einer Jauchegrube, die regelmässig entleert werden musste. Beim Neuen Schloss hat der Architekt den Reichtum an Wasserläufen und -quellen der Umgebung genutzt und eine besondere Vorkehrung getroffen, um die Situation zu verbessern. Er legte die Abtritte über einem Spülkanal an, damit der Unrat regelmässig weggeschwemmt werden konnte. Das zeigt ein Grundriss des Kellergeschosses (Abb. 17, S. 21).

Im gegenüberliegenden Annex, an der Ostfassade, lag eine Brunnennische mit zwei übereinander stehenden Wasserbecken. Ursprünglich lief dort Wasser aus der Brunnenröhre in das obere Becken und tropfte über dessen Rand in das untere (Abb. 34). Zum Wasser gehörte in barocker Zeit das Architekturthema der Grotte. Grottenbrunnen setzte der gebildete und in der Mythologie versierte Mensch der Zeit mit der Quelle des Lebens und der Freuden gleich. An eine Grotte erinnert das höhlenartige, vielleicht muschelverzierte Gewölblein der Brunnennische (Abb. 33).

Laufendes Wasser hatte zur Bauzeit des Neuen Schlosses einen anderen Stellenwert als heute. Damals gab es noch kein öffentliches Frischwasser- und Kanalisationssystem. Der Wasserreichtum der Parzellen um das Neuschloss galt deshalb als besonderer Vorzug seiner Lage. Davon liess sich u.a. der Maler eines schönen Porträts, das die Frau des zukünftigen Herrschaftsherren Karl Emanuel von Graffenried darstellt, im 18. Jahrhundert inspirieren. Emanuel Handmann (1718–1781) malte Katharina von Graffenried 1756 zwischen Weidenbaum und Wasserlilien auf der einen und einem Wasserkrug auf der anderen Seite. Mit den Pflanzen, die am Wasser gediehen, und dem Krug mit fliessendem Wasser weist er auf den Wasserreichtum des Gebiets hin (Abb. 167, S. 125).

In seinem Testament gibt Stürler seinem Neffen, einem angehenden Architekten, neben seinen Büchern und Arbeitsinstrumenten auch den oben zitierten Wunsch mit auf den Weg, der etwas resigniert klingt (S. 28). Er wünsche ihm, dass er Erfolg habe und sich nützlich mache bei den Bauherren, was er selber, Stürler, auch immer angestrebt habe, ungeachtet der Widerwärtigkeiten und des Verdrusses, die er manchmal dabei habe ausstehen müssen. Einfach scheint es nicht gewesen zu sein, die Bauherren des bernischen Patriziats im Ancien Régime zufrieden zu stellen. Davon lassen Stürlers Pläne nichts ahnen. Das Neuschloss Worb präsentiert sich als ausgereifte Architektur, vereint Behaglichkeit und repräsentative Geste im Inneren, Herrschaftlichkeit und Eleganz in den Fassaden. Dazu ist es solid konstruiert und die Haustechnik wirtschaftlich gelöst. Verschiedenste Ansprüche und Anforderungen sind in einer einheitlichen und doch differenzierten Lösung unter einen Hut gebracht, die dem Architekten bis heute Ehre macht.

«Souvenirs de Worb»: Interieurbilder vom Herbst 1831

Im frühen 19. Jahrhundert wurde es üblich, Erinnerungsbilder an gemeinsam verbrachte Stunden mit dem Zeichenstift oder dem Aquarellpinsel auf das Papier zu bannen. Weil auch die Bewohner des Neuschlosses dieser Mode frönten, sind mehrere Interieurbilder der Biedermeierzeit festgehalten worden. Ein Zeichenalbum mit dem Titel *Souvenirs de Worb*, im Oktober 1831 entstanden, zeigt rund 40 Ansichten und Szenen aus den beiden Schlössern von Worb und deren Umgebung. Angelegt hat es der bernische Zeichner und Maler Franz Friedrich Freudenberger (1814–1862), der damals 26 Jahre jung war. Er verdiente seinen Lebensunterhalt mit Zeichenunterricht und als Hauslehrer. Gewandt in Gesellschaft und beliebt als Unterhalter, wurde er zuweilen von vornehmen bernischen Familien auf ihre Landsitze eingeladen. So entstand wohl auch das Worber Zeichenalbum.

Im Album sind mehrere minutiös gezeichnete Innenansichten vom Neuen Schloss, die über dessen damalige Ausstattung und den Ge-

Abb. 35: Franz Friedrich Freudenberger (1804–1862), Album *«Souvenirs de Worb 1831»*, Nr. 23. *«Das Cabinet. Gezeichnet im neuen Schloss zu Worb 1831».*

Die Federzeichnung erlaubt einen Blick in die kleine Stube an der östlichen Aussenwand des Erdgeschosses. Wir sehen vom Fenster zum Bett hin. An dessen Fussende steht – wie im Grundriss aus der Bauzeit – der Kachelofen. Eine Kommode mit geschweifter Front könnte zur Bauzeit des Schlosses in der Berner Möbelwerkstatt Funk gefertigt worden sein. Gegenüber schreibt eine junge Dame an einem Biedermeiersekretär. Die beiden Türen, vom Bildrand überschnitten, stehen einander gegenüber.

brauch der Räume Auskunft geben. Aus den Grundrissplänen wissen wir über die ursprüngliche Möblierung so viel, dass fast alle Zimmer mit Betten und mit Wandkästen (bezeichnet: *«buffet»*) ausgestattet waren (Abb. 15, 16, S. 21). Das Zeichenalbum aus dem Jahre 1831 zeigt in verschiedenen Interieurbildern, dass die Ausstattung der Salons und Stuben ein knappes Jahrhundert nach dem Bau mit neuen Möbeln, Wandspiegeln und Vorhängen ergänzt und modernisiert, aber nicht eigentlich umgestellt worden war.

So gibt z.B. ein Blick in das kleine Cabinet im Erdgeschoss (an der Ostfassade) einen Eindruck davon, wie das Zimmer eingerichtet war und wie es genutzt wurde (Abb. 35). Die Wände sind tapeziert oder bemalt, Ornamentbänder rahmen Wandfelder. Der Riemenboden ist mit gebeizten oder harthölzernen Bändern in Würfel eingeteilt. Wir sehen vom Fenster zum Bett hin, das mit einem Vorhang versehen ist. Am Fussende steht der Kachelofen – so sah es schon der Grundriss vor (Abb. 16, S. 21). Daneben sieht man eine Kommode mit geschweifter Front, wie sie in der Berner Möbelwerkstatt Funk zur Bauzeit des Schlosses gefertigt wurden. Vermutlich stand sie zur Bauzeit nicht im kleinen Stübchen, sondern an einem prominenteren Ort.

Abb. 36: Franz Friedrich Freudenberger (1804–1862), Album *«Souvenirs de Worb»*, Nr. 32.

Die Federzeichnung *«Le déjeuner fec. 8bre 1831 au nouveau château de Worb»* zeigt einen Frühstückstisch im grossen Salon des Neuen Schlosses. Der grosse Biedermeiertisch, in der Ecke zwischen Türe und Cheminée, ist gedeckt; Brotkorb, Kaffee- und Milchkannen stehen darauf. Hinter dem Tisch sitzt eine Dame mit hochgeschlossenem Kleid und Haube zwischen mehreren jungen Männern in modisch engen Hosen und kurzen Westen. Vor dem Tisch sitzen zwei junge Damen, eine im weit ausgeschnittenen Kleid mit modischen Puffärmeln und extravaganter, mit einem riesigen Kamm hochgesteckter Frisur. Die alte Frau mit Haube an der Tischecke könnte eine Angestellte sein.

Eine Federzeichnung erlaubt einen Blick auf die um den Frühstückstisch versammelten Schlossgäste. Sie assen im grossen Salon (Abb. 36). Letzterer wurde also auch noch 1831, wie schon zur Bauzeit, als Speisezimmer genutzt. Auf dem diagonal verlegten Parkettboden liegt kein Teppich, da das Neuschloss zu dieser Zeit ausschliesslich als Sommerwohnung gebraucht wurde. Um den Esstisch, der in der nordöstlichen Ecke des Salons zwischen Tür und Cheminée steht, ist eine grosse Gesellschaft versammelt. Hinter dem Tisch hat eine respektable Dame mit Spitzenhaube Platz zwischen mehreren jungen Männern genommen. Vor dem Tisch sitzt – mit dem Rücken zum Betrachter – eine junge Dame mit extravaganter, hochgesteckter Frisur. Das Zimmer ist nach der Mode der Zeit mit einer karierten Tapete ausgekleidet, die eine Stoffbespannung vortäuscht. Am linken Bildrand hängt neben der Tür das Zugband der Rufglocke für das Küchenpersonal.

Eine andere Federzeichnung zeigt die Fensterwand des gleichen grossen Salons. Die schon bekannte junge Dame im modischen Kleid und mit kunstvoll hochgestecktem Haar spielt am Spinett, das zwischen

Abb. 37: Franz Friedrich Freudenberger (1804–1862), Album *«Souvenirs de Worb»*, Nr. 20.

Die Federzeichnung, *«Duett von Amor und Psyche im Salon des neuen Schloßes Worb»* betitelt, zeigt die Fensterwand des grossen Salons. Die junge Dame im modischen Kleid und kunstvoll hochgestecktem Haar spielt am Spinett, das zwischen den beiden Fenstertüren steht. Sie wird auf der Geige begleitet von einem jungen Mann in modisch engen Hosen und anliegender Weste. Der grosse Spiegel mit vergoldetem Rahmen und Vasenaufsatz und die gerafften Vorhänge mit Fransen gehören zur Ausstattung der Zeit nach 1800, als *«Reparationen»* getätigt wurden. Aus dieser Zeit stammt auch die karierte Tapete mit dem abschliessenden Ornamentband, die im Spiegel sichtbar wird.

den beiden Fenstertüren steht (Abb. 37). Der grosse Empire-Spiegel mit vergoldetem Rahmen und Vasenaufsatz stammt wohl aus der Zeit kurz nach 1800. Für die ersten Jahre des 19. Jahrhunderts sind im Herrschaftsbuch des Johann Rudolf von Sinner (1736–1806), des damaligen Herrschaftsherrn (S. 142, 143), mehrere grosse Beträge verbucht, die den Mietern wegen *«Reparationen»* gutgeschrieben oder zurückerstattet wurden. Vorhänge aus weissem Schleierstoff, auf den Seiten zusammengerafft, rahmen die Fenster. Quer über die Vorhangstangen sind Bahnen festeren farbigen Stoffs mit fransenbesetzten Säumen drapiert, die seitlich in Kaskaden herabfallen. Im Äusseren waren zu dieser Zeit die Oberlichter der Fenstertüren mit Läden verschlossen (Abb. 116, S. 95).

Abb. 38: Franz Friedrich Freudenberger (1804–1862), Album «*Souvenirs de Worb*», Nr. 1.

Die Federzeichnung ist unterschrieben mit «*Der Camin im Salon des neuen Schlosses in Worb. 1831*». Sie zeigt den grossen Kamin an der Ostwand. An einem Herbstabend sitzt ein Herr mit breitkrempigem Strohhut in einem Armsessel vor dem Cheminée, liest in einem Buch und wärmt sich die Füsse am Feuer. Auf dem Kaminsims, vor dem hohen Spiegel, sind zwei bemalte Blumenübertöpfe, eine Rose in einem Glas, zwei kleine Kürbisse, eine Teekanne und eine bemalte Porzellantasse zu erkennen. Das heute noch bestehende Régencecheminée ist getreulich und mit seinen Reliefformen abgezeichnet. Darüber steht ein Spiegel zwischen zwei kannelierten Pilastern. Diese sind in klassizistischer Formensprache geschaffen.

Zwei der Albumblätter zeigen Cheminéeszenen. Darauf sind die beiden bis heute bestehenden Marmorcheminées getreulich und mit ihren Reliefformen des Régencestiles abgezeichnet (Abb. 38, 39). Darüber steht jeweils ein Spiegel zwischen zwei kannelierten Pilastern. Diese, in klassizistischer Formensprache geschaffen, gehören zur Empire-Ausstattung aus der Zeit nach 1800.

Eine Federzeichnung zeigt die Kamineinfassung an der Ostwand des grossen Salons. An einem Herbstabend sitzt ein Herr mit Hut in einem Armsessel vor dem Cheminée, liest ein Buch und wärmt seine Füsse am offenen Feuer.

Eine Bleistiftzeichnung zeigt das Cheminée im kleinen Salon, ebenfalls mit einem klassizistischen Spiegelaufsatz. Zum Feuer gerückt sind zwei gepolsterte Armsessel, die aus der originalen Ausstattung des Hauses stammen könnten. Darin sitzen ein junger Mann und eine Dame mit ihrer Lektüre und strecken ihre Füsse zum Feuer.

Abb. 39: Franz Friedrich Freudenberger (1804–1862), Album *«Souvenirs de Worb»*, Nr. 27.

Eine aquarellierte Bleistiftzeichnung mit dem Titel *«Herbstabend im Salon zu Worb. 1831»* zeigt das Cheminée im kleinen Salon. Auf dem Gesims stehen mehrere dekorative Gegenstände. Zum Feuer gerückt sind zwei gepolsterte Armsessel, die aus der Bauzeit des Hauses stammen. Links des Cheminées sitzt ein junger Mann, rechter Hand eine Dame mit kariertem Kleid und Rüschenhaube. Das heute noch bestehende Cheminée ist getreulich und mit seinen eleganten Régenceformen abgezeichnet. Darüber steht ein Spiegel zwischen zwei kannelierten Pilastern aus dem ersten Jahrzehnt des 19. Jahrhunderts.

Abb. 40: Franz Friedrich Freudenberger (1804–1862), Album *«Souvenirs de Worb»*, Nr. 5.

Die Federzeichnung ist überschrieben mit *«die Jagdstube im neuen Schloss zu Worb, den 19. Oktober 1831»*. Darin sitzt ein junger Mann und schreibt am offenen Fenster. Das Fenster hat einen Stichbogensturz, wie ihn das Obergeschoss des Schlosses aufweist. Rechter Hand befindet sich eine Schreibkommode mit geschweifter Front, wohl zur Bauzeit des Hauses geschaffen. Davor stehen ein Paar Reitstiefel. An der Wand hinten links sind zwei Jagdflinten angelehnt. Das Zimmer ist mit einer fein gestreiften Tapete ausgekleidet, unter der Kehle der Stuckdecke und entlang des Bodens zieht sich ein Ornamentband.

Ein anderes Albumblatt ist überschrieben mit «*die Jagdstube im neuen Schloss zu Worb, den 19. Oktober 1831*» (Abb. 40). Ein junger Mann in Rock und mit Mütze schreibt am offenen Fenster. Dieses hat einen Stichbogen, es liegt also im Obergeschoss des Schlosses. Rechter Hand steht eine Schreibkommode mit geschweifter Front, wie sie zur Bauzeit des Hauses in der Möbelwerkstatt Funk geschaffen wurden. Sie dürfte zur originalen Möbelgarnitur des Hauses gehören. Die Zimmerwände sind tapeziert oder bemalt und gegen den Fussboden und die Decke mit einem Ornamentband abgeschlossen.

Wer war im Oktober 1831 im Neuschloss zu Gast?

Im Herbst 1831, als diese Zeichnungen entstanden, war das Neue Schloss nicht vermietet. Im Herrschaftsbuch, das Rudolf von Sinner im Jahre 1792 begonnen hatte, heisst es unter der Rubrik «*Hauszinsen des Neuen Schlosses*» lapidar: «*stuhnd diesen Somer leer.*»

Wer sind die Damen und jungen Leute, die im Oktober 1831 im Neuen Schloss musizierten, schrieben und zeichneten, spazierten und auf Jagd gingen? Das Schloss war damals im Besitz der Henriette von Sinner-von Mutach (1768–1841), der Witwe von Philipp Rudolf von Sinner (1760–1820, S. 142). Sie lebte im Alten Schloss. Wahrscheinlich liess sie Verwandte und Gäste im Neuen Schloss wohnen. Vielleicht hatte sie ihre Enkel eingeladen, die Kinder ihrer Söhne und ihrer drei Töchter. Die jüngste, Julia von Wurstemberger (1792–1828), hatte das Neue Schloss schon 1826 und 1827 den Sommer über gemietet, deren Tochter Henriette Julia von May (1813–1883) verbrachte dann die Sommer der Jahre 1834 bis 1837 darin. Die ältere Tochter, Amalia Elisabeth (1794–1872), übernahm schliesslich 1843 die Schlossbesitzung mit ihrem Gatten Friedrich Viktor von Goumoëns (1792–1843), dem Oberamtmann von Aarwangen.

Die Schlossbewohner sind auf den Zeichnungen in wenig spektakulären häuslichen Szenen festgehalten. Die Erinnerungsbilder fangen einen Cheminée- oder Fensterplatz ein und geben die Gäste bei ihren täglichen Verrichtungen und bescheidenen Vergnügungen wieder. Auch Schlossherr und -herrin liessen sich zu dieser Zeit als Private in bürgerlicher Tracht vor der Hintergrundstaffage des Fotografen ablichten (Abb. 168, 169, S. 127). Die barocken Porträtbilder, auf denen die Herrschaftsherren in ihrer Machtfülle und vor dem Hintergrund ihrer Ländereien und Schlösser posierten, hatten ausgedient (Abb. 166, 167, S. 124–125).

Die Gutsherren, die ihre Herrschaftsrechte und -einkünfte im frühen 19. Jahrhundert dem Staat nach und nach abtreten mussten, trauerten ihrer verlorenen herrschaftlichen Lebensweise nach. Sie erhol-

Abb. 41: Marie Bertha von Goumoëns-Wyss (1850–1925), Fotoporträt um 1875, mit zurückfrisiertem und hochgestecktem Haar, Ohrringen und Anhänger am Samthalsband, im bürgerlichen Kleid mit geknöpftem Mieder mit Plisseeband und weissem Spitzenkräglein.

ten sich nur langsam vom Verlust der Privilegien und bekundeten oft Mühe, sich in den neuen politischen und wirtschaftlichen Gegebenheiten zurechtzufinden. Ludwig Eugen Eduard von Goumoëns (1848– 1934, Abb. 42), der letzte Gutsherr des Namens, schrieb in seinen Lebenserinnerungen, als er von der älteren Generation seiner Familie und deren Verwandtschaft erzählte: *«Diese Umgebung stund ausnahmslos noch stark unter dem Eindruck der Ereignisse und Umwälzungen, welche durch die französische Revolution direkt oder indirekt herbeigeführt waren. Dass hierbei in diesen Kreisen eine grosse Bitterkeit und Weltabgeschlossenheit obwaltete ist zu begreifen. …Wenn wir, d.h. eben meine Altersgenossen … ihre Denkungsart nicht immer billigen konnten, so müssen wir in billiger Weise in Rechnung bringen, was die frühere Generation für enorme Zurücksetzungen in materieller und idéeller Beziehung durchmachen musste.»*

Das Neuschloss: Die Entstehung der heutigen Erscheinung zwischen 1898 und 1992

Johanna Strübin Rindisbacher
«17 DÄCHER UND GEBÄUDE ZU UNTERHALTEN»: SCHLOSSHERREN UND SCHLOSSGÜTER ZUR ZEIT DES NEUEN BUNDESSTAATES

Abb. 42: Eduard von Goumoëns-Wyss (1848–1934), der letzte Schlossherr seines Namens, Fotoporträt um 1875, abgelichtet mit Rock, Hemd und Krawatte.

Die Schlossbesitzer von Goumoëns versuchten in den veränderten politischen Strukturen wieder Fuss zu fassen und unter den neuen wirtschaftlichen Umständen zu Erfolg zu kommen und dennoch einen Hauch der alten Schlossherrlichkeit in die neuen Zeiten hinüberzuretten. Dass das nicht einfach war, zeigt gerade die Geschichte der Schlossherren und ihrer Schlösser von Worb. Der erste Gutsherr des Namens von Goumoëns, Friedrich Viktor, stand als Oberamtmann von Aarwangen im Staatsdienst; er hatte eine herkömmliche patrizisch-bernische Ämterlaufbahn eingeschlagen. Nach seinem Tod im Jahre 1843 übernahm sein Sohn, Philipp Georg Friedrich (1819–1879, Abb. 168, S. 127), als junger Mann die Verwaltung des Grundbesitzes für seine Mutter Amalia Elisabeth, geb. von Sinner. Mit erheblichen Investitionen und viel eigener Arbeit versuchte er, die Schlossmühle wieder zu einem einträglichen Betrieb zu machen, ohne bleibenden Erfolg. Als er die Schlösser mit Bauern- und Gewerbebetrieben aus der Erbschaft seiner Mutter 1872 übernahm, musste er seiner Schwester Henriette Maria Amalia de Senarclens (*1816) ihren Erbteil auszahlen. Diesen Aderlass des Gutsbesitzes wieder gut zu machen, sollte weder ihm noch seiner Frau noch seinem Sohn gelingen.

Nach dem Tod Philipp Georg Friedrichs im Jahre 1879 führte seine Witwe Marie Bertha von Goumoëns-von Effinger (1827–1907, Abb. 169, S. 127) die Geschicke der Schlossbesitzung mit der Hilfe ihres Sohnes Eduard (1848–1934, Abb. 42) weiter. Dieser hatte die Grundschule beim Hauslehrer und ab 1861 die Internatsschule Roulet in Neuenburg besucht, dann die Rekrutenschule bei der Infanterie gemacht und seine militärische Laufbahn als Leutnant abgeschlossen. Nach mehreren Praktika auf landwirtschaftlichen Grossbetrieben in Schwaben kehrte er zurück, um bei der Verwaltung des elterlichen Gutsbesitzes in Worb mitzuhelfen. Auch er kämpfte mit den Finanzen.

«Worb wurde eben eine grosse Last», schrieb Eduard in seinen Lebenserinnerungen. *«17 Dächer und Gebäude zu unterhalten: dazu die schreckliche Mühle, und recht wenig Vermögen, das etwas ab-*

43

Abb. 43: Franz Friedrich Freudenberger (1804–1862), Album *«Souvenirs de Worb»*, Nr. 11 *«Das alte Schloß Worb und die Mühle, del.ad nat.»* (Oktober 1831).

Der Künstler hat das Alte Schloss Worb und die Mühle, wie er schreibt, nach der Natur gezeichnet. Im Vordergrund führt der mit Büschen und Bäumen bestockte Gewerbekanal unter der Schlossbrücke durch gegen den Schlossstalden. Eine von Stützen getragene Wasserrinne aus Brettern leitet einen Teil des Kanals zu den drei Wasserrädern der Mühle. Diese, ein zweigeschossiger gemauerter Gewerbebau, ist mit einem Halbwalmdach gedeckt und hat einen Schopfanbau auf der Talseite. (Federzeichnung)

warf: und dazu die Doppel-Spurigkeit in der Auffassung der Stellung: einerseits Klein Industrieller ohne jegliche kaufmännische und fachliche Ausbildung und Eignung, anderseits das Bedürfnis die gesellschaftliche Stellung, und diejenige des Schlossbesitzers zu waaren.»

Seine Mutter musste wiederholt Geld aufnehmen, meist bei Bekannten, und setzte dabei jeweils die Schlossgüter als Sicherheit ein. 1890 verkaufte sie die Mühle. 1894 übergab sie die ganze Schlossbesitzung ihrem Sohn und setzte dabei den geringen Verkaufspreis von Fr. 40 000.– ein. Eduard war klar, dass er den Gutsbesitz nicht beieinander halten konnte. Zudem brauchte er dringend Geld für den Unterhalt der vielen Liegenschaften. Deshalb veräusserte er schon fünf Jahre darauf, 1899, das Alte Schloss an den in Moskau lebenden Louis William Gabus aus Le Locle für Fr. 110 000.–.

Die meisten Neu- und Umbauten, welche die Schlossherren und -damen im 19. Jahrhundert tätigten, betreffen nicht die Herrschaftsbauten, sondern die Bauern- und Gewerbehäuser.

Im Herrschaftsarchiv sind u.a. zwei Zimmermannsprojekte zu Bauernhäusern erhalten, welche die Schlossherrschaft um 1820 in Auftrag gegeben hatte. Die grosszügigen, sorgfältig konstruierten Riegbauten zeugen einerseits von der Bedeutung, welche die Gutsbesitzer der Landwirtschaft und dem Gewerbe als wirtschaftlichen Grundlagen ihrer Existenz immer noch einräumten. Anderseits folgten die Gutsherren damit einer Tradition: Die Herrschaftsherren hatten in Worb und Umgebung seit je mit vornehmen und anspruchsvoll gestalteten Bauten Zeichen gesetzt. 1865 entstand das Bauernhaus des Schlossgutes anstelle des abgebrannten Pintenschenks beim Alten Schloss, 1879 richtete Zimmermeister Koenitzer die Schlossscheune nach einem Brand neu auf (Abb. 2, S. 9). Die Schlossmühle wurde in Etappen modernisiert und ausgebaut, bevor sie 1890 verkauft wurde (Abb. 43).

Die Mieter des Neuen Schlosses erhielten jeweils auch das diesem benachbarte kleine Wirtschaftsgebäude zum Gebrauch, das Holz-, Hühner-, Back- und Waschhaus in einem

Abb. 44: Dependenzgebäude des Neuschlosses Worb, um 1898 an der Farbstrasse erbaut, von Süden. Im Erdgeschoss lagen die Pferdeställe und Remisen. Heute sind es Wohnhäuser, die nicht mehr zum Neuschlossbesitz gehören. (Foto 1985)

Plan über die Liegenschaft des H.rn von Herrenschwand
Neuschloss - Worb.
1912.

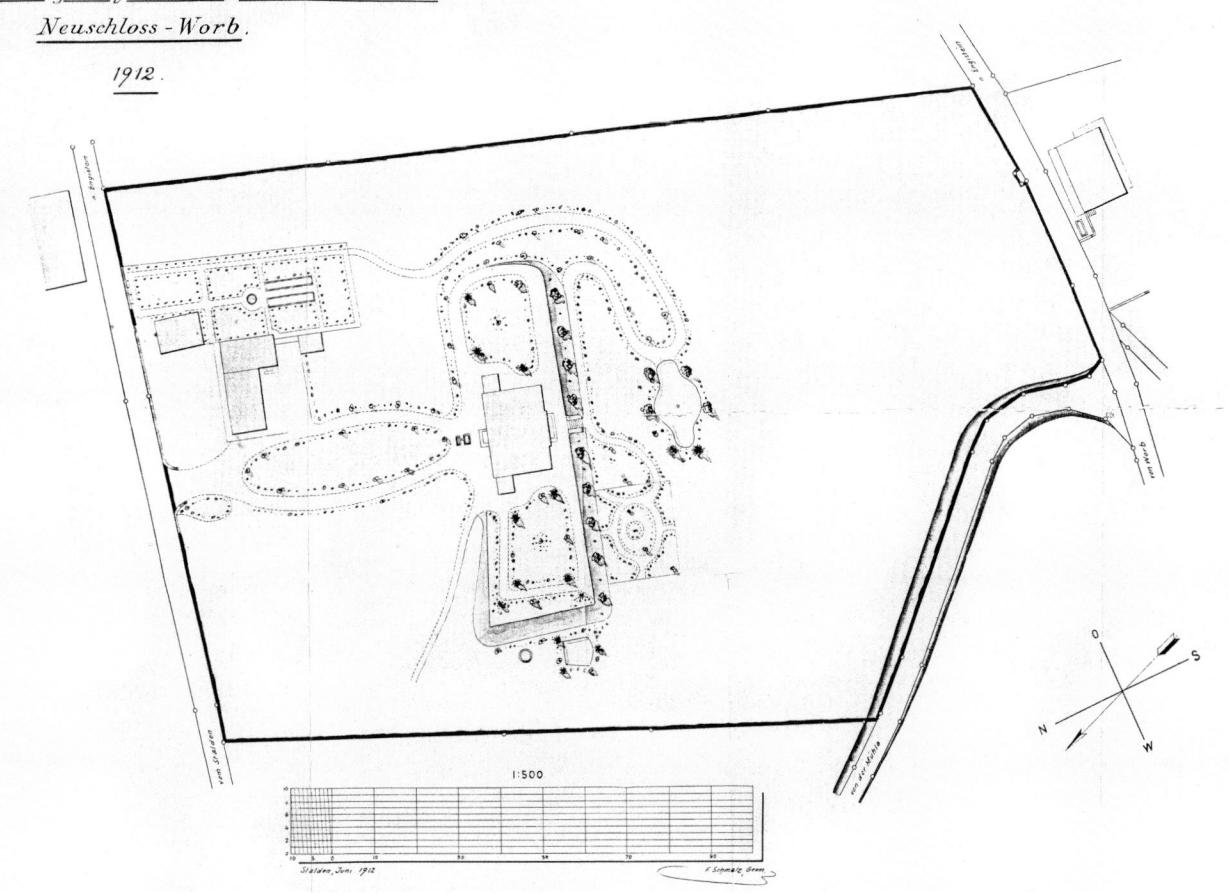

Abb. 45: «*Plan über die Liegenschaft des Hrn von Herrenschwand, Neuschloss Worb, 1912*», von Geometer Schmalz. Der Situationsplan zeigt die Neuschloss-Parzelle; die übrige Grossmatt war 1906 abgetrennt und verkauft worden. Das Schlossgebäude weist die kleinen rechteckigen Annexbauten auf, die Eduard von Goumoëns beim Umbau 1898 hergestellt hat. Vom kleinen Wirtschaftsgebäude am westlichen Gartenrand ist nur der Weiher übrig. Dafür stehen in der nordöstlichen Gartenecke neue Dependenzgebäude, in einer Urkunde als «Châlet Lehmann und Gärtnerhaus» bezeichnet, mit geometrisch angelegten Nutzgärten. (Heliografie)

war (S. 23). Ausserdem konnten sie den Pferdestall und die Remise für ihre Equipage in der Schlossscheune neben dem Alten Schloss benützen.

1898 wurde das baufällig gewordene Ofenhaus neben dem Neuschloss abgebrochen. Der Verkauf des Alten Schlosses im folgenden Jahr zwang Eduard von Goumoëns zum Ersatz der dort angesiedelten Infrastruktur für die Bewohner des Neuen Schlosses: Pferdestall und Remise, Personalwohnungen, Gärtnerhaus. Um 1900 entstanden deshalb die neuen Dependenzgebäude an der Farbstrasse, dabei ein Gemüsegarten mit Treibhäusern (Abb. 44, 45).

Am 7. Dezember 1906 verkaufte Eduard von Goumoëns die grossen Landparzellen auf der Grossmatt beidseits des Neuschlosses, zusammen mit dem Bauernhaus Schlossgut und der Farbmatte, an Friedrich Bernhard vom Hubelgut. Damit besiegelte er den Entschluss, sich vom Familienbesitz mitsamt Schlössern zu trennen. Im Winter 1908/09 verkaufte er auch das unlängst renovierte Neuschloss mit Garten samt den neuen Dependenzgebäuden an der Farbstrasse an Johann Walter von Herrenschwand. Damit ging auch die Schlossherrenära von Sinner/von Goumoëns in Worb (1792–1909) zu Ende.

Leihcampagne, Gutsherrensitz und Haushaltungsschule:
Das Neuschloss im 19. Jahrhundert

Während mehr als anderthalb Jahrhunderten blieb das Neue Schloss mit seiner ursprünglichen Erscheinung und inneren Raumteilung unverändert. Bis 1898 arrangierten sich die jeweiligen Gutsherren oder ihre Mieter mit der spätbarocken Anlage. Einzig die Annexbauten waren nach 1831 neu erbaut worden (Abb. 46, 47).

Das Haus und der Garten des Neuschlosses wurden, wie alle anderen herrschaftlichen Liegenschaften, im 19. Jahrhundert gut unterhalten, gepflegt und den Bedürfnissen der Mieter aus vornehmen Kreisen angepasst. Aber es erhielt bei weitem nicht die kostbare und prächtige Ausstattung wie der Südflügel des Alten Schlosses, den die Herrschaftsherren und ihre Familien bewohnten.

Abb. 46: Klassenfoto der Bernischen Haushaltungsschule, Winterbild zwischen 1886 und 1898.

Die Schülerinnen – die meisten im bürgerlichen Kleid – posieren vor der Südfassade des Schlosses. Diese ist in ihrer ursprünglichen Form erhalten. Im Mittelrisalit sind nur die zwei hohen Fenstertüren mit Reliefschmuck an den Scheitelsteinen eingelassen, der Giebel mit dem Wappenrelief sitzt über dem Kranzgesims. Die Vorfenster haben im Obergeschoss und in den Fenstertüren eine feine Sprossenteilung, in den übrigen Erdgeschossfenstern eine gröbere. Sie müssen einmal erneuert worden sein wie auch die gestemmten Läden mit Rahmen und Füllung. Die Läden im Obergeschoss sind Bretterläden mit Schubleisten. Die Lukarnen haben nur Bretterläden, keine Fenster. An den Lisenen sind Lattengitter für rankende Pflanzen angebracht.

Mehrfach prämirt.   Atelier Mœgle, Thun.   Goldene u. silberne Medaillen.

Abb. 47: Klassenfoto der Bernischen Haushaltungsschule, Winterbild zwischen 1886 und 1898.

Die Schülerinnen – etwas mehr als die Hälfte in der Tracht – posieren im Garten. Das Neuschloss ist von Südosten fotografiert. Die östliche Schmalfassade ist in der ursprünglichen Form erhalten, mit je zwei Fenstern in beiden Geschossen. Rechts der um 1835 angefügte Annex mit flachem Walmdach. Er ersetzte die alte Brunnennische (Abb. 34, S. 35) und diente wie diese als gedeckter Sitzplatz. Er war gegen Süden und Osten geöffnet, gegen Norden mit einer Mauer geschlossen.

Der Mietzins des Neuschlosses gehörte zu den regelmässigen und wichtigen Einnahmequellen der Schlossherrschaft. In langer Reihe folgen sich die Namen der Mieter aus vornehmen bernischen und auch einzelnen Neuenburger und Basler Familien, die das Neuschloss als Sommerwohnung auserkoren hatten, in den Herrschaftsbüchern der Worber Schlossherren. Im Winter lebten die Herrschaften wie zu alten Zeiten in den Städten. Sie übernahmen das Schloss, wie es in den Mietverträgen heisst, jeweils *«mit seinem ganzen Inhalt, mit den darin befindlichen Mobilien und übrigen hausräthlichen Effekten, gemäss Inventar»*, das leider verloren ist. Die Mieter wurden verpflichtet, zu Licht und Feuer Sorge zu tragen, die Kamine vierteljährlich reinigen zu lassen und das Haus nach Ablauf der Mietdauer mit vollständiger Ausstattung und in gereinigtem Zustand wieder zu übergeben.

Im Jahr 1873 wurde das Schloss noch einmal Gutsherrensitz. Der zukünftige Schlossbesitzer Eduard von Goumoëns heiratete 1873 Marie Bertha Wyss (1850–1925, Abb. 41, S. 42, Abb. 42, S. 43) und erhielt dazu von seinem Vater und Schwiegervater je eine kleine Rente und von Ersterem das Neue Schloss als freie Wohnung. Wie er selber in seinen Lebenserinnerungen preisgibt, schätzte er das Neue Schloss vom ganzen Worber Gutsbesitz am meisten. Um die verschiedenen beruflichen Stellungen, die er in der Folge annahm, ausüben zu können, zog er zeitweilig mit seiner Familie in die Stadt. 1887 kehrte er mit Frau und drei Kindern nach Worb zurück. Er nahm Wohnsitz im Alten Schloss, wo auch seine Mutter, Bertha von Goumoëns-von Effinger, lebte. Das Neue war während zweier sechsjähriger Mietperioden, 1886–1898, an die neu gegründete Haushaltungsschule Worb vergeben. Bertha von Goumoëns hatte verschiedene Reparaturen für die Schule ausführen lassen. Der jährliche Mietzins betrug Fr. 1000.–.

Das Institut, von der Oekonomischen und Gemeinnützigen Gesellschaft des Kantons Bern gegründet, stellte 20 zusätzliche Betten und ebenso viele Wasch- und Nachttische für die Schülerinnen in die Zimmer des Schlosses und etwa ein Dutzend weitere Tische mit Stühlen in die Ess- und die Unterrichtsräume im Erdgeschoss. In der Küche installierte es einen neuen Kochherd und neues Mobiliar. Jährlich wurden drei Kurse mit etwa 22 Schülerinnen durchgeführt, ein halbjähriger Sommerkurs und zwei kürzere Winterkurse. Die Leiterin und ihre Stellvertreterin lehrten die Schülerinnen, wie es in einem Prospekt heisst, Haushaltungskunde mit Kochen, Backen, Konservieren, Waschen und Bügeln, dann Gartenbau, Handarbeiten, Buchhaltung und Gesang. Der Pfarrer des Dorfes lehrte Sittenkunde, der Arzt Gesundheit, der Sekundarlehrer Naturwissenschaft. Gegen Ende der Mietdauer beklagten sich die Institutsvorsteherinnen wiederholt über fehlenden Unterhalt und mangelhafte Einrichtung. Eine Renovation war nötig.

Zusätzliche Zimmer und eine Terrasse: Der Umbau Eduard von Goumoëns' im Jahre 1898

Wenn das Alte Schloss den «Herbst des Mittelalters» und das Neuschloss die «Blütezeit des bernischen Spätbarock» verkörpern, hat das 19. Jahrhundert keine Bauten von vergleichbar hohem Rang zu den Schlössern von Worb beigesteuert. Am Jahrhundertende begann hingegen die Geschichte der baulichen Veränderungen am Neuen Schloss.

Auf das Jahr 1898 kündigte Eduard von Goumoëns den Mietvertrag mit der Haushaltungsschule – er plante einen umfangreichen Bau. Er richtete ein Bad ein und machte das Schloss ganzjährig bewohnbar. Darauf weisen die neuen Fenster und Vorfenster an der Südfassade hin. Die ausgewechselten Scheiben hatten eine gröbere Sprossenteilung als die alten Fenster. Dazu wurden neue Läden mit Jalousien angebracht.

>
Abb. 48: Die Ansichtskarte «*Neu Schloss Worb*» gibt die Eingangsfassade und den Ehrenhof um 1900 wieder, so wie der letzte Gutsherr von Goumoëns sie hergestellt hatte. Die Uhr ist aus dem Rundgiebel über der Haustüre entfernt und durch ein gemaltes Ornament ersetzt, die Türe hat einen Vorscherm aus Blech erhalten. Der Ehrenhof ist durch eine Thujahecke von der Vorfahrt und den Dependenzgebäuden mit Nutzgarten abgetrennt. Der Annexbau auf der Ostseite (links) ist mit einer Terrasse versehen.

>
Abb. 49: Neuschloss Worb, Hoffassade. Detail der Portalachse mit originalem Hausteinschmuck am Obergeschossfenster, ehemaliger Uhrgiebel mit aufgemaltem Ornament und Glockentürmchen aus der Bauzeit. (Foto 2001)

Neu Schloss Worb

An der Eingangsfassade versah der Bauherr das Portal mit einem Vordach aus Blech und ersetzte die Uhr im Giebel durch ein gemaltes Ornament, das ein barockes Relief aus Sandstein vortäuscht (Abb. 48, 49). Weiter erneuerte er die beiden Flügelbauten. Der östliche, der im Erdgeschoss nach wie vor gedeckter Sitzplatz war, erhielt im Obergeschoss eine Terrasse. Zur Erschliessung musste der Bauherr eine Türe in die Ostfassade brechen. An der Westseite entstand ein zweigeschossiger Sanitärtrakt.

Der grösste Eingriff, den Eduard von Goumoëns vornahm, war der Einbau von zwei zusätzlichen Obergeschosszimmern an der Südseite über dem grossen Salon. Um dafür Platz zu schaffen, musste er die überhohe Salondecke heruntersetzen. Damit gab er die barocke Raumhierarchie und die Proportionen des Salons preis. Um genügend grosse Fenster an der Südfassade einpassen zu können, erhöhte er den Mittelrisalit über das Kranzgesims hinauf. Dazu ergänzte der Bauherr die gebänderten Lisenen und setzte das spätbarocke Giebelfeld mit dem Wappenrelief des Bauherrn Franz Ludwig von Graffenried höher.

Abb. 50: Die Ansichtskarte «*Neu Schloss Worb*» gibt die Südfassade um 1900, kurz nach Fertigstellung des Umbaus durch Eduard von Goumoëns, wieder. Der Mittelrisalit durchstösst das Kranzgesims, die Fenstertüren sind niederer, dafür ist ein Paar Obergeschossfenster dazugekommen. Alle Fenster haben eine gröbere Sprossenteilung. Die Sprossen im oberen Teil der Fenstertüren formen ein Ornament.

Auch die Stichbogenstürze der verkürzten Fenstertüren fügte er mitsamt den Ornamentreliefs in Régenceformen wieder ein. An den Scheiteln der neuen Obergeschossfenster wurden neue kleinteilige Reliefs angebracht (Abb. 51, 52).

Dieser Umbau im ausgehenden 19. Jahrhundert spiegelt präzis die Lage und Gesinnung des letzten Schlossbesitzers des Namens von Goumoëns. Er musste wirtschaftlich bauen und bemühte sich dabei doch sehr darum, den historischen Baubestand zu schonen. Die Wiederverwendung der besonders reich bearbeiteten Fassadenpartien versprach eine kostengünstige Lösung, gleichzeitig liess sich damit viel von der Baugeschichte und der alten Erscheinung des Neuschlosses bewahren. Eduard von Goumoëns nahm einen für seine Zeit respektvollen Eingriff vor. Die wertvollen Teile der spätbarocken Hauptfassade konnte er damit retten. Aber die besondere Raffinesse der Gesamterscheinung und die barocke Inszenierung des Innenbaus musste er preisgeben. Eduard von Goumoëns gab der Südfassade ihre heutige Form (Abb. 50).

Eduard von Goumoëns hatte das Neue Schloss als Wohnhaus für sich und seine Familie umgestaltet. Deshalb hatte es immer noch eine herrschaftliche und damit standesgemässe Erscheinung, konnte aber mit den neuen Südzimmern im Obergeschoss zusätzliche Wohnräume anbieten. Als Ironie des Schicksals muss man wohl verstehen, dass die allein stehende Witwe Bertha von Goumoëns-von Effinger in das renovierte Neue Schloss einzog. Sie, die keine zusätzlichen Wohnräume gebraucht hätte, lebte darin bis zu ihrem Tod im Jahre 1907. Eduard hingegen zog mit seiner Familie endgültig in die Stadt Bern.

Abb. 51: Neuschloss Worb, Gartenfassade nach der Renovation von 1990 bis 1992, Detail des Mittelrisalits mit Sandsteinrelief im Giebelfeld. Im Zentrum das Wappen des Bauherrn, Franz Ludwig von Graffenried, umgeben von stilisierten Ranken- und Blattornamenten. Darunter die 1898 eingefügten Obergeschossfenster mit Jalousieläden. Auf den Scheiteln der verkürzten Fenstertüren des Erdgeschosssalons sind die originalen Reliefs mit Rocaillen wieder eingesetzt (siehe Abb. 46, S. 46).

>
Abb. 52: Neuschloss Worb, Gartenfassade, Mittelrisalit im 1898 hergestellten Zustand nach der Renovation von 1990 bis 1992. In einer letzten Bauphase um 2000 wurde die Terrassenmauer mit einem Geländer nach dem Muster des Treppengeländers im Schlossinnern rekonstruiert und die Treppe verbreitert. (Foto 2001)

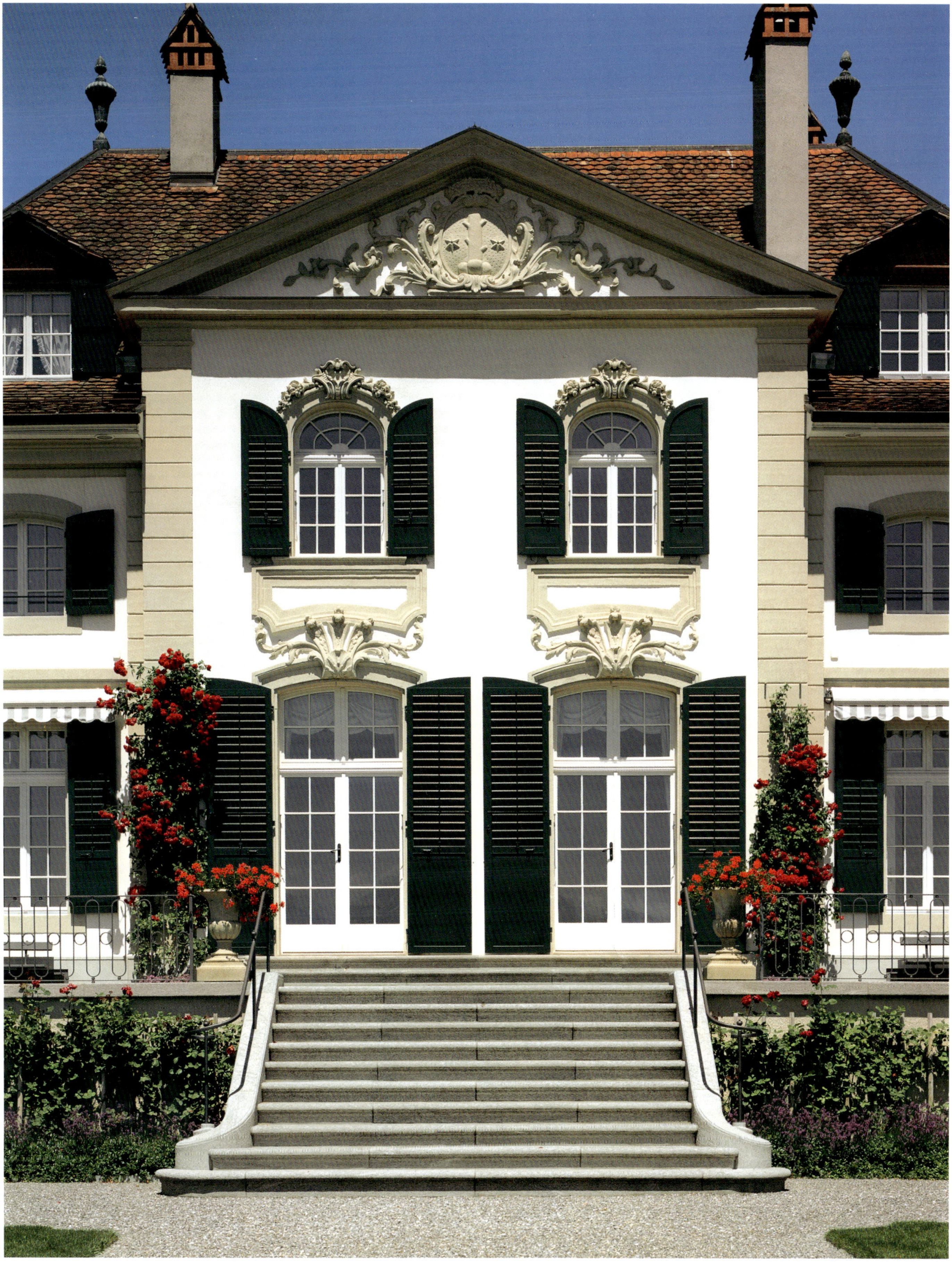

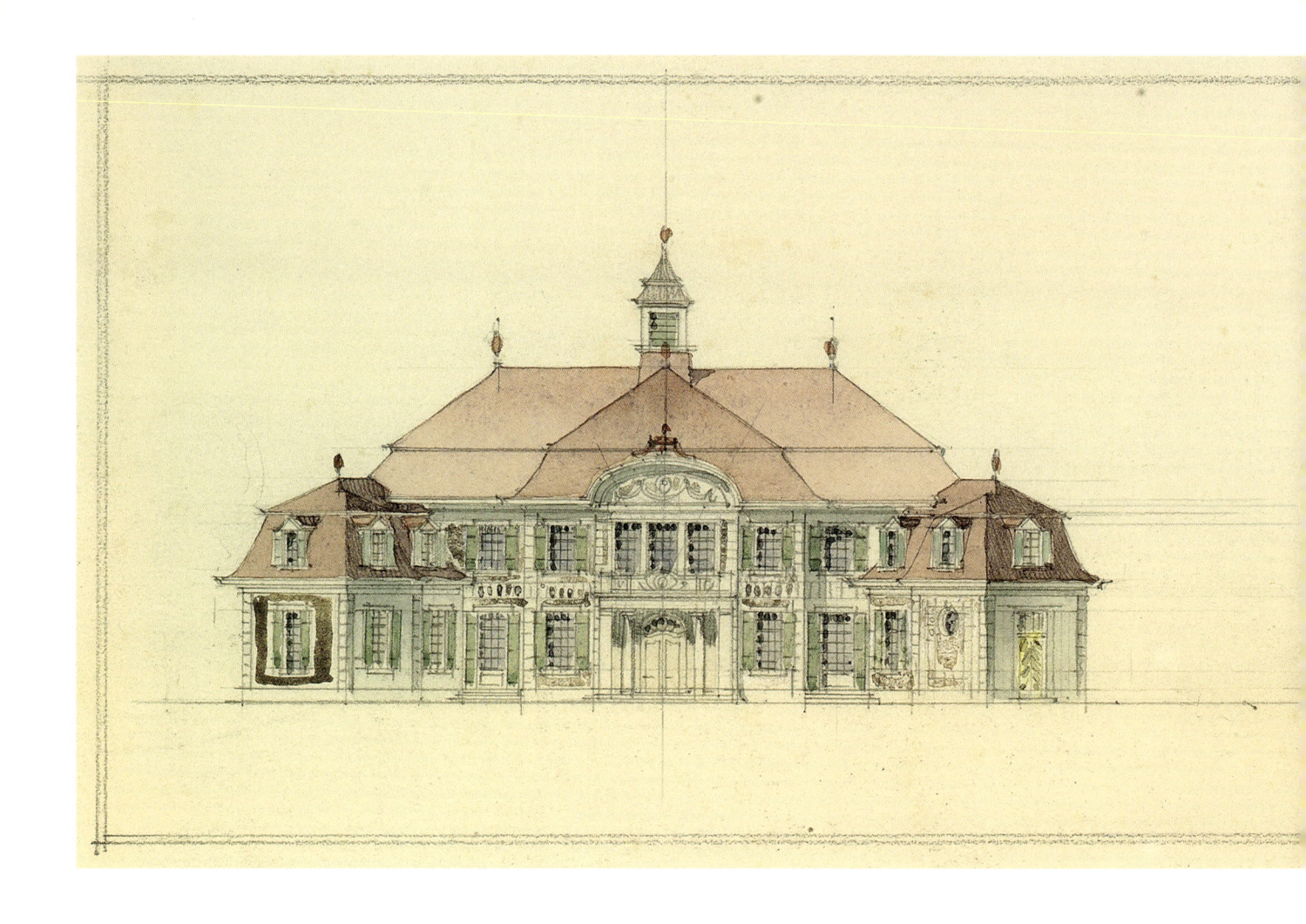

Zentralheizung und Kachelofen:
Die neubarocke Villa aus der Zeit des Ersten Weltkrieges

Auf den Umbau von Eduard von Goumoëns folgten schon 1912–1916 weitere grosse Erneuerungen. Im Winter 1908/09 erwarb Johann Walter von Herrenschwand (1878–1926, Abb. 54) das Neuschloss. Der junge Privatier war frisch verheiratet mit Nina Mees aus Rotterdam (1877–1963, Abb. 55). Er richtete sich das Neue Schloss als komfortablen ganzjährigen Wohnsitz ein und tätigte dazu in den Jahren 1912/13 und 1915/16 zwei grosse Umbauten. Er schaffte zusätzlichen Wohnraum in zwei neuen Seitenflügeln und liess Zentralheizung, fliessendes Kalt- und Warmwasser, Bäder und Wasserklosetts, elektrische Installationen und das Telefon einrichten.

Im Jahre 1912 engagierte er das bernische Architekturbüro Stettler & Hunziker. Von dessen Leiter, Wilhelm Stettler (1877–1949), ist ein Neubauentwurf für die Villa von Herrenschwand erhalten. Er stellt eine prächtige Belle-Époque-Campagne mit einem Mansarddach vor, umfangreicher und pompöser als der ausgeführte Umbau (Abb. 53). Der

Abb. 54: Porträt Johann Walter von Herrenschwand (1878–1926), 1920 in seinem 42. Altersjahr.

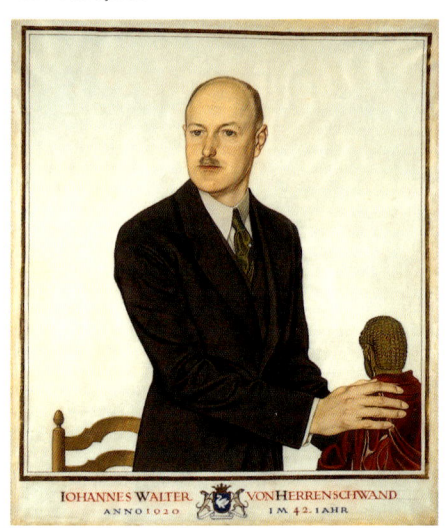

Der Bauherr des luxuriösen Villenumbaus von 1912 bis 1916 posiert mit einer Statue und stellt sich damit als Kunstliebhaber dar. (Gouache auf Pergament)

Abb. 53: Villa von Herrenschwand, Neubauprojekt von Wilhelm Stettler, 1912.

Pompöser Villenbau mit Mansardwalmdach und Dachreiter im Stil der Belle Époque. Vielgliedrige und aufwändige Fassadierung. Die Nordfassade mit breitem Mittelrisalit und zweigeschossiger Portalarchitektur und Seitenpavillons ausgestattet. Die Gartenfassade mit polygonalem Mittelteil, an den Seitenpavillons Peristyle. (Bleistift, Aquarell)

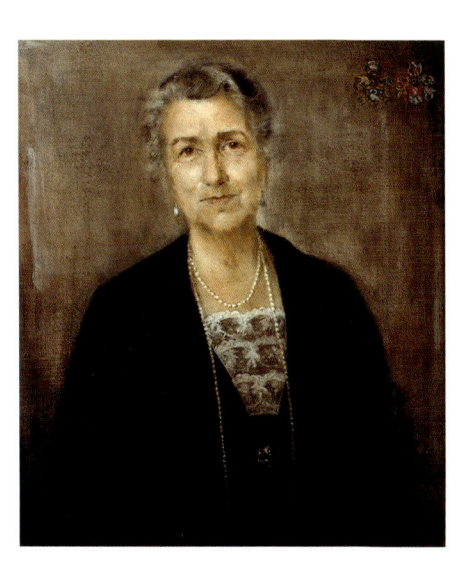

Abb. 55: Porträt Nina von Herrenschwand-Mees (1877–1963), 1934 in ihrem 57. Lebensjahr. Die Bauherrin lebte bis zu ihrem Tode im Neuschloss. (Öl auf Leinwand, F. Hass)

Abb. 56: Porträt Annemarie Mathilde von Herrenschwand (1914–1969), 1931 in ihrem 17. Lebensjahr. Die jüngere der beiden Töchter von Herrenschwand übernahm das Neuschloss nach dem Tode der Mutter im Jahre 1963. (Öl auf Leinwand, F. Hass)

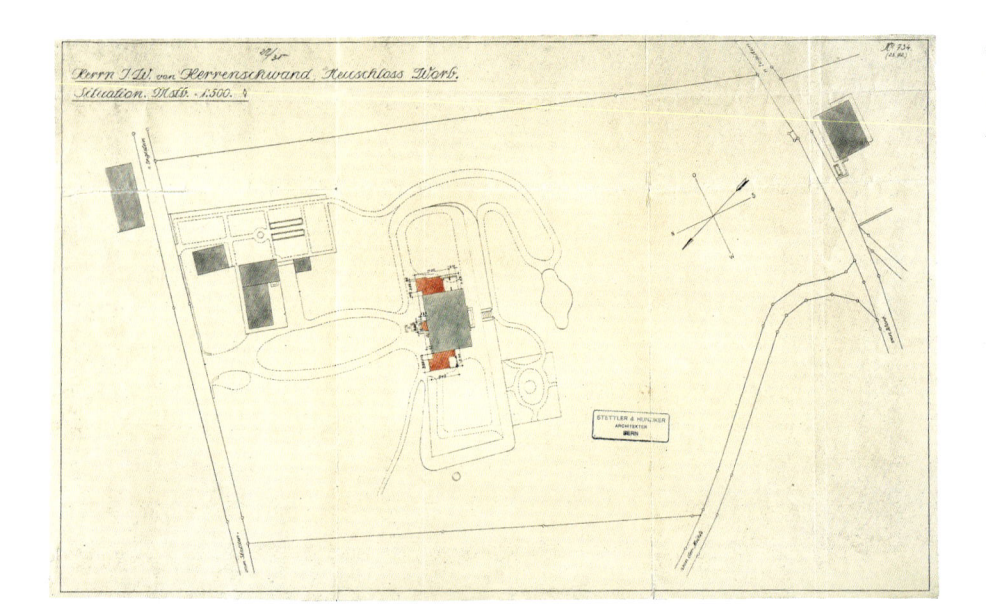

Abb. 57: Situationsplan der Villa von Herrenschwand mit neuen Seitenflügeln (rot), 1912. (Teilweise angefärbte Lichtpause, Architekturbüro Stettler & Hunziger)

Abb. 58: Die Südfassade des Neuen Schlosses im Sommer, mit den seitlichen Anbauten von 1912/13. (Foto um 1960)

Entwurf wurde verworfen, so auch mehrere Umbauprojekte. Der endgültige Plan sah aufwändige Erneuerungen in den nordseitigen Räumen vor. Das Neuschloss erhielt auf beiden Schmalseiten Flügelbauten (Abb. 57, 58). Stettler nahm deren Grundform vom Alternativplan zum ursprünglichen Schlossprojekt, den Stürler dem Erbauer um 1734 vorgelegt hatte (Abb. 18–21, S. 22, 23,). Wilhelm Stettler gehört einer bekannten bernischen Architektenfamilie an. Er ist der Sohn Eugens, des erfolgreichen Villenarchitekten der bernischen Burger im 19. Jahrhundert, Erbauer des Kunstmuseums und anderer prominenter städtischer Bauten. Wie sein Vater liess auch Wilhelm sich an der Ecole des Beaux-Arts in Paris ausbilden, und wie dieser kannte er sich in der bernischen Architekturgeschichte aus. Als Vertrauensarchitekt mehrerer bernischer Patrizierfamilien beriet er diese in Umbaufragen ihrer

>
Abb. 60: Grundrissskizzen zum Umbau des Erd- und des Obergeschosses des Neuen Schlosses, um 1912. Die Skizzen könnten bei einer Besprechung zwischen Architekt und Bauherr entstanden sein. (Bleistift auf kariertem Papier)

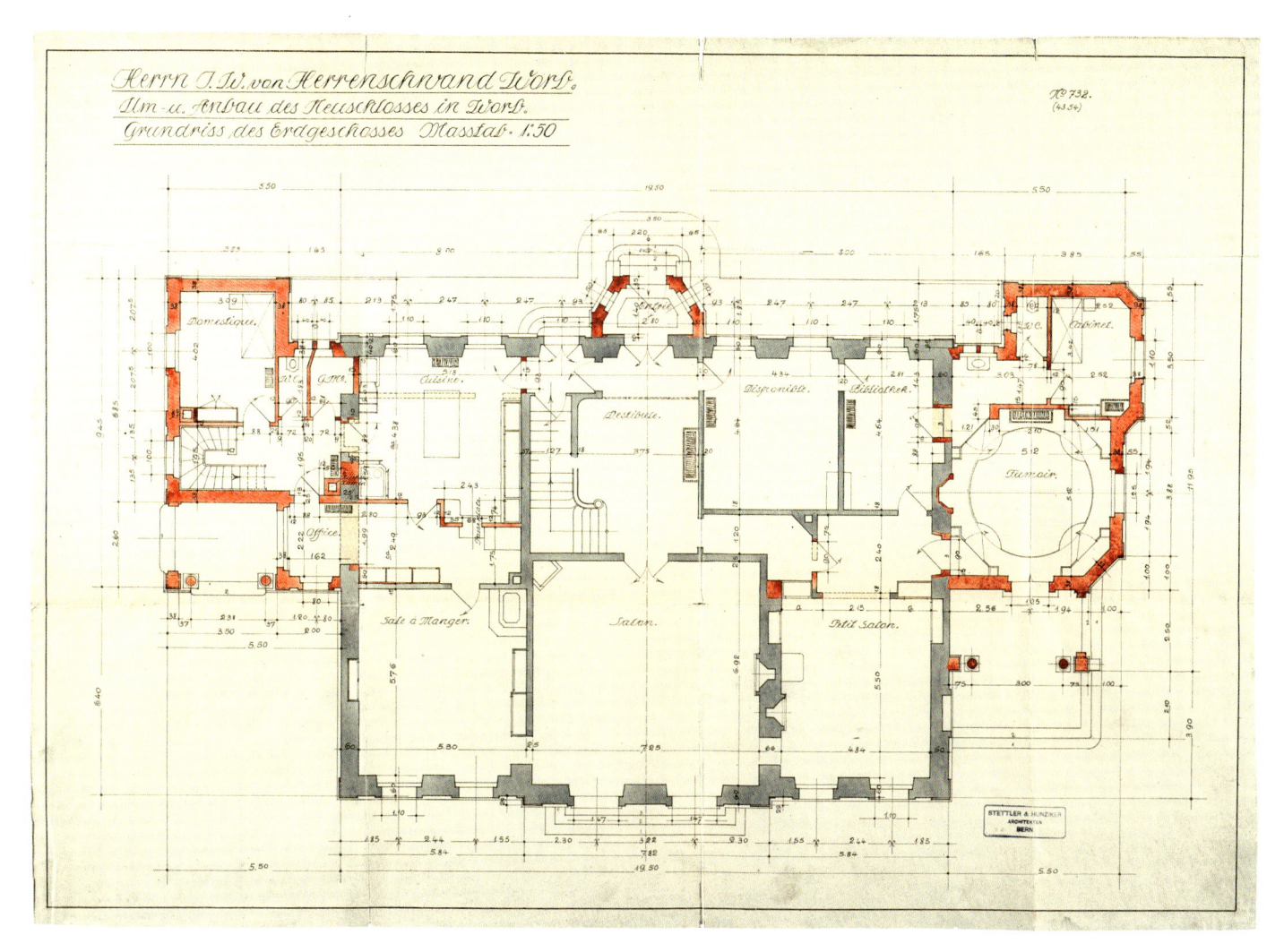

Abb. 59: Um- und Anbau des Neuschlosses durch das Architekturbüro Stettler & Hunziker, Grundriss des Erdgeschosses, 1912.

Grosse Änderungen erfuhr das Schlossinterieur. Herrenschwand baute die Küche vollständig um, erweiterte die beiden Seitenflügel und stockte sie auf. Im Westflügel richtete er eine Nebentreppe, im Erdgeschoss ein Dienstbotenzimmer und im Mansardgeschoss ein Badezimmer für die Herrschaft ein. Im Ostflügel kam im Erdgeschoss ein Herrentrakt mit Fumoir und Cabinet zu liegen, im Mansardgeschoss ein Zimmer mit Balkon.

Die neuen Räume in den Seitenflügeln mussten an den Schlossgrundriss angehängt werden. Preisgegeben wurden die kleinen gefangenen Cabinets an der Ostseite. Sie wurden zu Durchgangsräumen. (Angefärbte Lichtpause)

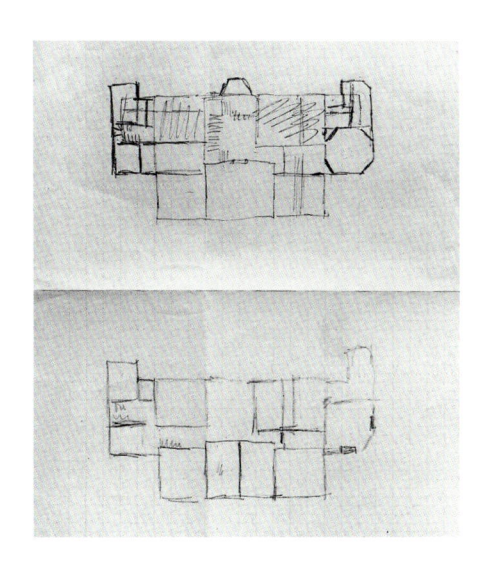

Schlösser, so z.B. die Familie von Tscharner im Morillongut. Für die Familie von Stürler tätigte er 1913–1916 den Umbau von Schloss Jegenstorf.

Die Flügelbauten aus der Zeit des Ersten Weltkrieges prägen die Nord- und die Schmalseiten des Schlosses bis heute (Abb. 61, 62). Im Mansarddach ist jeweils ein Obergeschoss verborgen. Die gedrungenen, zusammengesetzten Volumen und die neubarocke Formensprache wirken schwerer als die des originalen Schlösschens. Zum nordseitigen Hof hin sind die Anbauten aus der alten Fassadenebene vorgezogen (Abb. 59, 63). Ein Portalvorbau kam ebenfalls vor die Fassade zu liegen, so dass diese nun mit Vor- und Rücksprüngen ausgestattet ist und dadurch bewegter und «barocker» wirkt als die ursprüngliche klare und in aller

Abb. 61: Neuschloss Worb, der östliche Seitenflügel aus der Zeit von 1912/13 mit Balkon im Mansardgeschoss und vorgelagertem Sitzplatz. (Foto 2001)

Festlichkeit doch zurückhaltende Schlossfassade. Dieser Portalvorbau war nicht im Sinne des Entwerfers. Er wehrte sich gegenüber seinem Bauherrn dagegen und stand für die Erhaltung der ursprünglichen Eingangssituation ein, vergeblich.

Die Bildhauerarbeit war stets teuer. Sie ist an den ursprünglichen Schlossfassaden sparsam eingesetzt und zeichnet nur die wichtigsten Fassadenpartien aus. Im Umbau von Herrenschwand ging es indessen nicht mehr, wie in jenem des Eduard von Goumoëns, um eine günstige

Abb. 62: Neuschloss Worb, der westliche Seitenflügel aus der Zeit von 1912/13 mit Mansarddach und Peristyl. (Foto 2002)

Abb. 63: Neuschloss Worb, Nordfassade mit Seitenflügeln und Portalvorbau von 1912/13. (Foto 2001)

Lösung, die auch die Erhaltung wertvoller Bauteile erlaubte. Man fand im Gegenteil aufwändige historisierende Lösungen für moderne Probleme. So kleidete man den Windfang in einen neubarocken Portalvorbau aus gebänderten Quadern mit Sandsteinreliefs (Abb. 64). Auch am östlichen Flügelbau sind die Reliefornamente – hier aus Kunststein – üppig. Wohl bewahrte man die Süd- und Nordfassade im Wesentlichen im alten Zustand. Aber die neu hinzugefügten Teile sind aufwändiger als die alten. So wollte es der neubarocke Baustil.

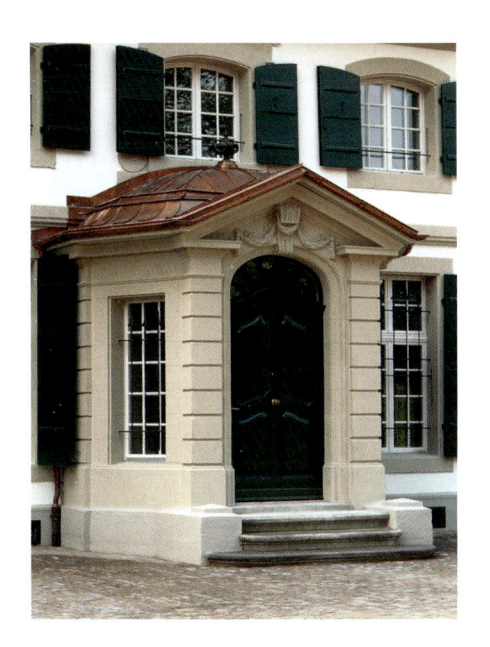

Wenn der von Goumoëns'sche Umbau kurz vor der Jahrhundertwende die Südfassade des Schlosses verändert hatte, so gab der Umbau von 1912/13 der Nordfassade und den beiden Seitenfassaden eine neue Erscheinung. Der in den anderthalb Jahrzehnten zwischen 1898 und 1913 hergestellte Bauzustand prägt das Äussere des Schlosses im Wesentlichen bis heute (Abb. 58, 63).

Abb. 64: Neuschloss Worb, Nordfassade, Portalneubau.
Beim Umbau zur Villa erhielt das Neuschloss 1912/13 einen Portalvorbau, ausgeführt durch das Bildhaueratelier A. Laurenti, Bern. Sämtliche Fenster zum Hof erhielten eiserne Gitter, die Stäbe haben geschmiedete Spitzen (siehe Frontispiz).

Abb. 65: Neuschloss Worb, östlicher Flügelbau, Mansardgeschoss von innen beim Umbau 1990. Die Umfassungswände der Seitenflügel von 1912/13 sind mit Backsteinmauerwerk aufgeführt.

Grosse Änderungen erfuhr auch das Schlossinterieur. Wie der Erdgeschossgrundriss zeigt, versuchte man die alte Raumteilung zu erhalten (Abb. 59, S. 55). Die neuen Räume in den Seitenflügeln mussten an den alten Schlossgrundriss angehängt werden, was Fassadendurchbrüche an Ost- und Westseite auf allen Ebenen nötig machte. Im Mauerwerk sind diese Eingriffe am neuen Konstruktionsmaterial, dem Backsteinverband, abzulesen (Abb. 65).

1915/16 tätigte von Herrenschwand mit dem bernischen Architekten Max Zeerleder (1880–1964) luxuriöse Ausstattungsarbeiten im Innern der Südräume, die beim ersten Umbau – wohl, weil man darin unmittelbar nach dem Kauf schon erste teure Tapeziererarbeiten getätigt hatte – nicht verändert worden waren. In dieser zweiten Bauphase erhielten die Südräume eine weit kostbarere Ausstattung als zur Bauzeit: Blaue Seidentapeten wurden im Mittelsalon über Knietäfern gespannt, das neue Esszimmer erhielt ein neubarockes Nussbaumtäfer mit Glasvitrinen, die Treppe wurde mit Marmorplatten verkleidet. Wie im Äusseren fand man auch im Inneren historisierende Lösungen für moderne Funktionen. Heizkörper wurden in alte Kachelöfen verpackt und neubarocke Keramikverkleidungen für Radiatoren geschaffen (Abb. 66, 67).

Der Bauherr Johann Walter von Herrenschwand starb schon ein Jahrzehnt nach Abschluss der Umbauarbeiten, 1926. Seine Witwe lebte bis zu ihrem Tode im Jahre 1963 im Neuen Schloss. Dann zahlte die jüngere Tochter, Annemarie Mathilde van Hall-von Herrenschwand (1914–1969), die Erben ihrer älteren Schwester Marguerite Marie Helene Flaes-von Herrenschwand (1911–1962) aus und übernahm das Schloss allein (Abb. 56, S. 53). Sie lebte in einem der Nebengebäude an der Farbstrasse und vermietete das Schloss an eine oder zwei Familien.

Abb. 66: Neuschloss Worb, Salon.
1915/16 tätigte von Herrenschwand luxuriöse Ausstattungsarbeiten im Innern der Südräume. In dieser zweiten Bauphase wurden die Fenster und Türen der Südräume ersetzt, Tapeten gespannt, neue Würfel in die Parkettböden eingesetzt, Kachelöfen neu aufgesetzt. Aus dieser Ausstattungsphase stammen die neubarocken Ofenattrappen aus Keramikkacheln im grossen Salon, welche Radiatoren kaschieren.
(Foto 1985)

Abb. 67: Neuschloss Worb. Der zum Esszimmer umgestaltete Westsalon erhielt das Feldertäfer aus Nussbaumholz mit Glasvitrinen, das bis heute erhalten ist.
(Foto 1985)

Nach dem Tod von Annemarie van Hall übernahm deren ältere Tochter, Anne Spagnoli-van Hall, das Schloss im Jahre 1971. 1985 wurde die Besitzung zum Verkauf ausgeschrieben. Durch die Vermittlung von Hans Seelhofer, dem Besitzer des Alten Schlosses, gelangte das Neuschloss an Charles von Graffenried, während Ersterer die Nebengebäude an der Farbstrasse übernahm.

Abb. 68: Der Architekt des Umbaus von 1989 bis 1992, Martin Heiniger, von Graffenried AG (links), und der Denkmalpfleger des Kantons Bern, Hermann von Fischer (rechts), im neu gestalteten Nordhof des Neuschlosses. (Foto Dez. 1991)

Denkmalpflegerische Erneuerung und unterirdische Erweiterung 1989–1992

Das Wappen des Schlosserbauers und ehemaligen Herrschaftsherrn Franz Ludwig von Graffenried im Giebelfeld der Südfassade hat die Jahrhunderte unbeschadet überstanden (Abb. 50–52, S. 50, 51). Es war von den Bauherren von Goumoëns und von Herrenschwand, auch wenn sie grosse Umbauten am Neuschloss tätigten, nie angetastet worden. Heute passt es wieder und erfüllt seine alte Aufgabe. Der heutige Besitzer, Charles von Graffenried, nutzt das Schloss zeitweise als Wohnsitz und als Empfangsort für seine Unternehmungen. Das machte umfangreiche Veränderungen im Schloss und in seiner Umgebung nötig. Die Bauarbeiten wurden von der von Graffenried AG, Planung und Architektur, unter Leitung von Martin Heiniger, Architekt, ausgeführt. Sie gingen in mehreren Etappen vonstatten und dauerten ein gutes Jahrzehnt, von 1985 bis 1996. Zuerst wurde der spätbarocke Südgarten rekonstruiert, dann die unterirdischen Anlagen im Norden des Schlosses erstellt (Abb. 69, 70). Sie enthalten heute, nach einer Umbauphase, eine Einstellhalle, Konferenz- und Bankettsäle mit Küche und Nebenräumen, eine Werkstatt, eine Sauna. Dann wurde der Tennisplatz im Nordosten des Schlosses auf die Normmasse verbreitert und erneuert, anschliessend der Nordhof mit Parkplatz, Zufahrt und Umfassungsmauer gebaut.

Erst dann, in den Jahren 1990–1992, ging Charles von Graffenried an die Renovation des spätbarocken Hauptgebäudes. Über Erhaltung und Erneuerung entschied im späten 20. Jahrhundert nicht der Bauherr allein, sondern er liess sich durch den kantonalen Denkmalpfleger, Hermann von Fischer, beraten. Dieser untersuchte die Baugeschichte

Abb. 69: Neuschloss Worb, unterirdischer Bau im Norden des Schlosses, Zustand November 1989.

Abb. 70: Neuschloss Worb, Fassadenpartie am unterirdischen Bau mit Fenstern und Einfahrtstor, darüber das Neue Schloss von Nordwesten. (Foto Juni 1991)

Abb. 71: Neuschloss Worb, Südfassade, Giebel. Neue Eindeckung mit Biberschwanzziegeln und neuer Ortladen, neue Abdeckung aus gefalzten Bahnen von Kupferblech, die Farbe der feinen Profile an Kranzgesims und Lisene ist noch nicht erneuert. (Foto Februar 1991)

Abb. 72: Neuschloss Worb, Nordfassade, Glockentürmchen.
Haube, Podest und Giebeldach aus gefalzten Kupferblechbahnen. Das aus Holz gezimmerte Türmchen ist noch nicht neu gestrichen. (Foto Februar 1991)

anhand der vorhandenen Bildquellen und der am Bau sichtbaren Bau- und Ausstattungsetappen. Ausgangspunkt für die denkmalpflegerische Erneuerung war die bestehende äussere Erscheinung des Schlosses einschliesslich der Veränderungen und Anbauten, die zwischen 1898 und 1913 entstanden waren. Die Aussenhaut wurde aufgefrischt, indem die Fassade mitsamt Sandsteinpartien gereinigt und bemalt, die Fenster und Läden ersetzt wurden. Das Dach erhielt eine neue Lattung und Eindeckung, neue Dachkännel und Spenglerarbeiten in Kupferblech (Abb. 71, 72). Die Vasen auf den Firstenden, zuletzt 1938 neu aufgerichtet, wurden wieder aufgesetzt, dabei vergass man nicht, zeitgenössische Dokumente für die Nachwelt hineinzulegen. Einzig die Lukarnen bekamen eine neue Form: Sie wurden verbreitert.

Abb. 73: Neuschloss Worb, Treppenhalle, Erdgeschoss.
Sandsteinplatten bedecken wie zur Zeit des ursprünglichen Vestibüls die Bodenkonstruktion. Rechts die Türe zum Mittelsalon. An der Ostwand ein Paar Spiegel mit Konsoltischen im Stil Louis XVI aus dem späten 18. Jahrhundert.

Im Inneren war die Durchsetzung der denkmalpflegerischen Zielsetzung etwas schwieriger. Es galt, Bauherrenvorstellungen und Erhaltungsprinzipien unter einen Hut zu bringen: Die aktuellen Nutzungs- und Komfortansprüche waren zu befriedigen und trotzdem war möglichst wenig von den historischen Raumteilungen und Ausstattungen preiszugeben. Im Grundriss der Hauptwohnung wurde eine Teilung in zwei abgeschlossene Wohneinheiten vorbereitet. Zudem erhielt das Schloss einen Zugang zu den neuen unterirdischen Räumlichkeiten.

Die konstruktiven Haupteingriffe dieser Bauphase sind: Kellerdurchbruch zum unterirdischen Neubau, Kellerabsenkung und Unterfangung der alten Subkonstruktion im Nordostkeller. Die Treppenhalle bekam einen betonierten Boden und einen gläsernen Lift auf rundem

Abb. 74: Neuschloss Worb, Mittelsalon im Erdgeschoss. Ostwand mit Cheminée im Régencestil aus der Bauzeit und neubarocker Ofenverkleidung von 1915/16 (links).

Grundriss. Auf dem Treppenabsatz wurde eine Tür durch die westliche Hallenwand gebrochen. Im Obergeschoss wurde die Treppenhalle verbreitert, so dass die neue Treppe zum Dachgeschoss eingefügt werden konnte, und der Boden in Beton ausgeführt. Für zusätzliche Bäder wurden neue Wände in Gipsleichtbauweise eingesetzt.

Im Inneren liess man wie im Äusseren sowohl spätbarocke wie auch jüngere historische Strukturen und Teile bestehen, aber nicht alle. Aus der Treppenhalle wurden beispielsweise die neubarocke Marmorverkleidung der Treppe und ein Kachelofen, der einen Radiator ummantelt hatte, entfernt (Abb. 73).

Wenn man heute einen Rundgang um das Schloss und durch seine Parterreräume macht, sieht man keine Rekonstruktion des Urzustandes vor sich, sondern das Produkt einer in Etappen vorgenommenen Umbaugeschichte (Abb. 73–75).

Abb. 75: Neuschloss Worb, Mittelsalon im Erdgeschoss. Westwand mit neubarocker Ofenverkleidung (rechts).

Im Wesentlichen sind die Halle mit Sandsteintreppe mitsamt Geländer aus der Bauzeit erhalten, abgesehen natürlich vom Lifteinbau und vom Türdurchbruch in den Westflügel. Die drei Südräume im Erdgeschoss sind mit Interieurs und Möbeln aus verschiedenen Epochen ausgestattet. Von der spätbarocken Ausstattung blieben im Erdgeschoss zwei kostbare, mit Ornamentreliefs versehene Cheminées aus Grindelwaldner Marmor erhalten (Abb. 74). Im Erd- und im Obergeschoss erhielt sich je ein Ofen aus der Bauzeit – wohl einige Male neu aufgesetzt – aus weissen, blau bemalten Kacheln: Bildkacheln an den Flächen und Ornamentkacheln an Fuss und Kranz (Abb. 77). Der Ofen im Obergeschoss ist immer noch zum Heizen mit Holz eingerichtet. Die ursprünglichen Ausstattungsteile liess man sorgfältig wiederherstellen und ergänzen. Im Nordzimmer östlich der Treppe im ersten Stock weist ein Pilastertäfer auf die Ausstattung der Bauzeit hin (Abb. 76). Es wurde nach erhaltenen alten Teilen rekonstruiert, das Biedermeiercheminée hat von Herrenschwand eingesetzt. Rekonstruiert wurden weitere Interieurteile wie Parkett und Salontüren im Erdgeschoss, dann die Fenster mit feiner Sprossenteilung. An Ausstattungsteilen der Umbauten vor und nach 1900 wurden übernommen: die Decke und die Ofenattrappen im grossen Salon, dann das Zimmer mit Nussbaumtäfer.

Nicht nur Interieurteile, sondern auch mehrere Möbelstücke gehören zur Originalausstattung des Schlosses. Der neue Besitzer hatte die Möbel und Bilder mitsamt dem Schloss übernehmen können. Mit der Hilfe des Denkmalpflegers, eines Kenners der barocken bernischen Ausstattungskultur, wurde das Schlossmobiliar mit alten schönen Möbelstücken, Spiegeln, alten Ansichten des Schlosses und zahlreichen kostbaren Familienporträts ergänzt.

Dem Umstand, dass jeder Bauherr, der grosse Umbauten tätigte, Gefallen an der originalen Schlossarchitektur fand und sich um deren Erhaltung bemühte – wenn auch jeder auf seine Weise und mit den Vorstellungen seiner Zeit –, verdanken wir die Erhaltung des Architekturdenkmals für die Nachwelt. Dass nicht nur die Architektur, sondern auch die originalen Pläne erhalten sind, erlaubt uns obendrein, uns eine Vorstellung vom Schloss mitsamt Garten in seinem Urzustand zu machen.

Abb. 76: Neuschloss Worb, Obergeschoss, Nordostzimmer.

Zimmertäfer mit grossen stehenden Feldern, die Stossfugen, durch ausgeschnittene und illusionistisch bemalte Brettpilaster besetzt, waren in der ersten Hälfte des 18. Jahrhunderts im Bernbiet beliebt. Das Täfer im Neuschloss wurde, schon beim Umbau im frühen 20. Jahrhundert (1912/13) in grossen Teilen ergänzt, beim jüngsten Umbau (1991) durch eine Rekonstruktion ersetzt. 1912/13 war ein klassizistisches Marmorcheminée aus altem Bestand eingebaut worden.

Abb. 77–80: Neuschloss Worb. Der Kachelofen im Südwestzimmer des Obergeschosses ist – wohl einige Male neu aufgesetzt – aus der Bauzeit erhalten. Er kann bis heute eingeheizt werden. Er steht auf sandsteinernen Füssen und hat je einen Fries aus weissen, blau bemalten Kacheln am Fuss und am Kranz. Zwischen profilierten Ornamentkacheln sind Bildkacheln mit Landschaftsbildern und Architekturstücken eingefügt. Eine Frieskachel trägt die Jahrzahl 1737 und die Initialen JCL. Der Hersteller ist Johann Conrad Landolt, ein bekannter Hafnermeister, der seit dem späten 17. Jahrhundert eine Werkstatt in La Neuveville betrieb. (Foto 1992)

Das Neuschloss hat trotz der baulichen Eingriffe des knappen Jahrhunderts zwischen 1898 und 1992 seine festliche und würdevolle Erscheinung und die wertvollen Bauteile bis in das 21. Jahrhundert bewahren können. Prachtvoll ist immer noch die Lage des Gebäudes inmitten des barocken Gartens auf der unbebauten Grossmatt. Diesem wichtigen Teil, der Umgebung, ist das nächste Kapitel gewidmet. Auch der Dichter Rudolf von Tavel hatte das Schloss mitsamt seiner Situation vor Augen, als er die eingangs zitierte Charakterisierung niederschrieb: *«… ein elegantes Lustschlösschen, wie nur das 18. Jahrhundert sie auszudenken wusste.»*

Abb. 81: Neuschloss Worb, Ansicht von Südwesten.

Das renovierte Schloss über dem gestuften Südgarten und der Terrassenmauer mit blühenden roten Rosen. (Foto 2001)

GARTEN UND PARK

Der formale Garten 1734–1737

Der spätbarocke Gartenplan zum Neuen Schloss und seine Vorbilder

Das Neue Schloss, hielt der Chronist 1734 fest, entstand «... *außerher dem Schloß Worb in der Matten...*». Er situiert damit den Schlossneubau zu Recht in einiger Entfernung zum Alten Schloss auf der Grossmatte. Einen Neubau mitsamt Garten auf einem unbebauten Terrain zu entwerfen, ist ein Architektentraum, damals wie heute. Dem Architekten des Neuen Schlosses, Albrecht Stürler (S. 28, 29), bot sich diese Chance, und er nahm sie wahr: Er schöpfte aus dem Vollen, als er einen ganz und gar regelmässigen Entwurf nach den Idealvorstellungen seiner Zeit ausarbeitete (Abb. 82).

Der prachtvolle, farbig aquarellierte Gartenplan aus der Bauzeit des Neuschlosses wird zusammen mit den Bauplänen im Staatsachiv in Bern aufbewahrt. Die linke Gartenhälfte ist aus der Vogelschau, die rechte im Grundriss wiedergegeben. Nicht nur der Entwurf, auch der farbige Plan selber ist ein kleines Kunstwerk. Er gibt viele Einzelheiten aus dem spätbarocken Garten wieder; es lohnt sich, ihn eingehend zu betrachten.

Selbstverständlich hat der Architekt den Gartenplan nicht von Grund auf und in allen seinen Teilen selbst erfunden. Damals wie heute lassen sich die Entwerfer von illustrierten Schriften anregen. Für unseren Architekten galt das Lehrbuch *«La théorie et la pratique du jardinage»* von Antoine-Joseph Dézallier d'Argenville (1680–1765) als das Mass aller Dinge des Gartenbaus. Es war 1709 in Paris erschienen und erlebte im Verlaufe des 18. Jahrhunderts mehrere Neuauflagen.

Dézallier schreibt etwa zum Grundplan eines Gartens, dass er im Idealfall einen Drittel länger als breit sei (3/3 zu 2/3). Exakt dieses Massverhältnis weisen die Abmessungen des Gartenplans zum Neuschloss auf. Weiter sagt der Buchautor, dass zuerst eine Allee in die Mitte der Längsausdehnung des Gartens gelegt werden solle, dann eine Querachse dazu. Die Längsachse des Gartenplanes beginnt beim Gartentor als kiesbelegte oder gepflästerte Vorfahrt. Drei Wege, je von einer Allee gesäumt, sind von zwei lang gezogenen Wasserbecken begleitet. Die ganze Vorfahrt hat insgesamt die Breite des Schlossgebäudes. Die Querachse bildet die Terrasse, auf welcher das Schloss steht, und ist von zwei Gehwegen, die vor den Hauptfassaden verlaufen, begrenzt.

70

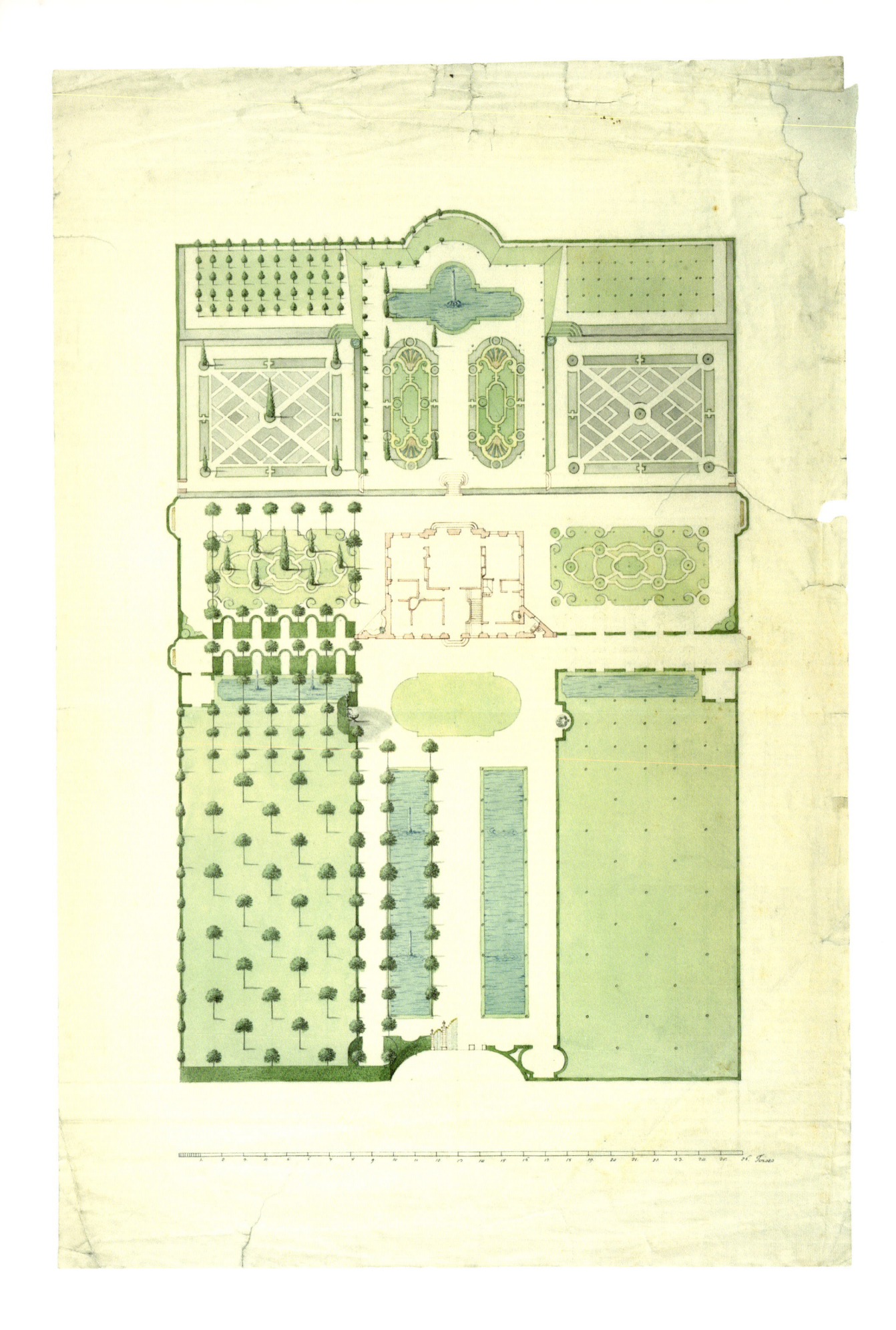

Abb. 82: Neuschloss Worb, Gartenplan von Albrecht Stürler (zugeschrieben), um 1734, südorientiert.

rosa	Mauern: Schlossgrundriss, Gartentorpfeiler, gemauerte Sitzbänke, Treppen, Pergolapfeiler
blau	Wasser: Bassins mit Springbrunnen
dunkelgrün	immergrüne, in Form geschnittene Sträucher und Hecken
hellgrün	Rasen
weiss	Kies oder Pflästerung
gelb, rot	farbiger Kies oder Sand
grau	Pflanzbeete für Blumen oder Kräuter

Der Besucher durchfährt oder durchschreitet im Norden, von der Strasse kommend (unten auf dem Plan), zuerst das dreiteilige Gartentor. Drei Zugangswege verlaufen zwischen zwei Wasserbecken und einer doppelten Allee. Der Ehrenhof liegt vor dem Schloss. Das Haus steht im mittleren Gartenabschnitt auf einer ebenen Terrasse und ist von seitlichen Parterres begleitet. Südlich des Schlosses, unterhalb der Terrassenmauer, breitet sich der repräsentative Ziergarten aus. Er ist aus mehreren Teilen und Ebenen am Hang aufgebaut. Ein Wasserbecken mit Springbrunnen bildet den Blickfang am südlichen Gartenende (oben).

Vom grossen Salon sollten drei Stufen in den Garten hinunterführen, schreibt Dézallier weiter. Und von dort sollte der Blick auf ein Parterre fallen. Genau so zeigt es der Entwerfer des Neuschloss-Gartens: Über drei Treppenstufen erreicht man vom Gartensaal die Terrasse. Unterhalb der Stützmauer dehnt sich ein Paar kunstvoll gemusterte Rasenparterres aus. Auch vor den Fenstern der anderen Haupträume des Schlosses, so der Buchverfasser, sollten Parterres liegen. Diese Anweisung sehen wir im Gartenplan befolgt, indem sich vor jeder Schmalseite des Hauses ein Rasenparterre ausbreitet, das von Baumreihen beschattet wird.

Die Baum-, Küchen- und Blumengärten seien notwendig und wichtig, befindet der Gartenbuchverfasser Dézallier. Sie seien am Rande der Anlage zu platzieren. Im Gartenplan zum Neuschloss liegen sie an den vier Ecken des Areals. Beidseits der Eingangsallee sind Baumgärten gemalt. Beidseits des Mittelparterres im Südgarten sind Gartengevierte mit Pflanzbeeten für Blumen, Kräuter und weitere Nutzpflanzen eingetragen.

Der spätbarocke Gartenplan zum Neuschloss ist ein Idealplan. Ob er in allen Teilen so ausgeführt wurde, wie er gezeichnet ist, wissen wir nicht mit Sicherheit, und welche Bäume und Büsche angepflanzt wurden, können wir nur vermuten. Ein summarischer Plan von 1815 belegt immerhin, dass die Gesamtanlage, die Umrisse der einzelnen Teile, die Baumreihen, die Parterres, die Brunnen und drei Wasserbassins auf der Längsachse nach Plan realisiert worden sind (Abb. 83). Die kleinen Wasserbecken auf der Querachse fehlen. Sie wurden wohl nicht ausgeführt oder waren in den knapp 80 Jahren seit der Entstehung schon wieder verschwunden.

Abb. 83: Worb, Zehntplan von 1815 (siehe Abb. 4), Ausschnitt mit Neuschloss und Garten. Norden ist unten.

Das Neuschloss liegt inmitten der kreuzförmigen Gartenanlage. Westlich davon steht das Ofenhaus, davor ein kleiner Nutzgarten und der Feuerweiher. (Die ehemals blaue Aquarellfarbe des Weihers und der Wasserbassins im Schlossgarten ist etwas verblichen.) Die Alleebäume, ursprünglich grüne kleine Kreise, sind gelb verfärbt. Rot sind hingegen immer noch die Torpfosten am Hofeingang und die Terrassentreppe. Anders als im Originalplan ist der halbrunde Vorbereich am Gartenbereich geräumiger, weiter ist am östlichen Ende des Heckenquergangs eine «grüne Rotunde» mit Nischen aus Hecken und Bäumen dazugekommen. Die Baumgärten im Norden und die Boskette im Süden fehlen.

Abb. 84: Neuschloss Worb, Gartenparterre westlich des Schlosses, Variantenplan, westorientiert. Damit man den Variantenplan dem Gesamtplan (Abb. 82) einfügen könnte, müsste man ihn um 90 Grad nach rechts drehen, so dass der rot eingezeichnete Grundriss der Terrassenmauer oben und derjenige der Schlossfassade links zu liegen käme. Unten läge dann die Bogenhecke (im Grundriss), die auch auf dem Gesamtplan eingetragen ist.

Die Terrasse seitlich des Schlosses ist grossenteils mit Kies bedeckt. Am westlichen Gartenrand (oben) sind Hecken mit Nischen und Sitzbänken vorgeschlagen. Aus den Hecken wachsen Bäume. In der Mitte ist ein Rasenparterre ausgespart, das von Bäumen beschattet ist. Es schliesst ein rundes Bassin mit Springbrunnen und ein fächerförmiges Ornament ein, das mit farbigen Kiesformen in die Rasenfläche «gezeichnet» ist.

Eine Planvariante

Für die Parterres zu beiden Schmalseiten des Schlossgebäudes hatte der Architekt eine Teilvariante zum ursprünglichen Gesamtplan ausgearbeitet (Abb. 84). Das Projekt zeigt nur die westliche Terrasse, denn die östliche wurde ohnehin gegengleich angelegt. So wollte es die formale Gartenanlage der Zeit. Vielleicht hatte der Bauherr Änderungswünsche zum Gesamtplan angemeldet, und der Architekt ging mit dem neuen Vorschlag darauf ein. Das Alternativprojekt weist als besonderes Merkmal drei Nischen, die aus einer geschnittenen Hecke geformt werden, als attraktiven äusseren Rand auf. Bäume ragen aus der Hecke und beschatten die Sitzbänke, die in den Nischen stehen. Südlich (links) ist die Terrassenmauer eingezeichnet und nördlich (rechts) die durchbrochene Bogenhecke, die sich auf dem Gesamtplan wiederfindet.

Die Terrasse hat an allen vier Rändern breite Gehwege. Nur in der Mitte ist ein Rasenparterre angelegt. Die Elemente und Schmuckformen des Parterres musste der Architekt, wie so manches andere Detail, nicht selber erfinden, sondern konnte es aus dem Lehrbuch von Dézallier abzeichnen.

Die Planvariante scheint den Bauherrn überzeugt zu haben, sie wurde ausgeführt. Das ist auf dem schon erwähnten Plan von 1815 zu sehen. Der Alternativplan entspricht dem westlichen (rechten) Querarm von dessen kreuzförmigem Gartenplan.

Maurus Schifferli
GEOMETRIE UND HIERARCHIE:
DIE GRUNDLAGEN DES FORMALEN GARTENS

Die Einbindung von Schloss und Garten in einen geometrischen Gesamtplan entsprach dem Geist des Absolutismus, der in Frankreich in der zweiten Hälfte des 17. Jahrhunderts unter Ludwig XIV. seinem Höhepunkt zustrebte. Der durch den Gartenkünstler André Le Nôtre (1613–1700) konzipierte Schlossgarten Vaux-le-Vicomte in Melun und die Residenz des Sonnenkönigs in Versailles bilden die Höhepunkte der französischen barocken Gartenarchitektur (Abb. 85).

Der barocke Garten Frankreichs entwickelte sich aus dem italienischen Villengarten der Renaissance. Dessen terrassierte Anlage wandelte sich im französischen Garten zu einem neuen Raumkonzept, in dessen Zentrum das Parterre steht. Was sich im italienischen Terrassengarten spannungsvoll und klar voneinander absetzt, löst sich in Frankreich in ein feines Abstufen und Nuancieren in verschiedene Geländeebenen auf. Diese werden in jeder Hinsicht künstlich angelegt und nach strengen Regeln konzipiert. Naturlandschaftliche Gegebenheiten der Topografie, wie Wald oder Sumpf, werden negiert und durch radikale menschliche Eingriffe transformiert und kontrolliert. Grossflächige Rodungen und Erdverschiebungen manifestieren die Herrschaft des Menschen über die Natur.

Die gesamte Anlage wird durch eine Mittelachse und eine oder mehrere Querachsen symmetrisch gegliedert. Die Achse dient als Richtschnur des Gartenplanes, an der sich die verschiedenen Parterres, Treppen, Rampen, spiegelnden Wasserbecken und Gebäude aufreihen. Präzise Baumsetzungen (Alleen) und Waldschneisen schaffen eine neue Raumerfahrung und lenken den Blick in die Ferne (Abb. 86). Die Hauptachse dehnt sich über den Horizont hinaus in die Unendlichkeit und verbindet die Residenz des Königs als Ort der Vernunft mit dem Reich der Natur und dem Licht des Himmels (Kosmos).

Die Geometrie erweist sich als das adäquate Prinzip, um jede Erscheinung, auch die geringfügigste und entfernteste, an ihren Ursprung zu binden. Jeder Punkt im Parterrekomplex führt über einen Weg zurück zum ideellen Zentrum der Herrschaft, zum Schloss. Der Garten wird zum Ebenbild der hierarchischen Staatsordnung des Absolutismus. Der einzelne Mensch ist darin verschwindend klein.

Abb. 85: Schloss Vaux-le-Vicomte bei Melun, erbaut 1656–1661 von Louis Levau für Nicolas Fouquet, Garten von André le Nôtre. (Flugaufnahme)

Abb. 86: Schloss Vaux-le-Vicomte, Garten mit weit ausgreifender Mittelachse, vor dem Schloss ein Paar Parterres de Broderie (1920 frei rekonstruiert von Achille Duchène). (Foto 2000)

Abb. 87: Schloss Vaux-le-Vicomte, Garten, Seitenachse mit in Form geschnittenen immergrünen Gehölzen, die in regelmässigen Reihen gepflanzt sind. (Foto 2000)

Die französischen Gartenanlagen der Barockzeit haben eine zurückhaltende Farbigkeit: Das Grün der Rasenflächen beherrscht das Bild, unterbrochen von verschiedenfarbigen Kiespartien. Ganz wichtig ist es, dass sich auch das Winterkleid des Gartens attraktiv präsentiert (Abb. 88). Deshalb gehören immergrüne, in Form geschnittene Hecken und zu Kegeln, Kugeln oder anderen Formen geschnittene Gehölze, wie Eiben und Buchs, zum Bild. Den Pflanzen wird es verwehrt, natürlich zu wachsen. Sie haben vielmehr ihre klare (geometrische) Form und ihren festen Platz in einer vernünftigen und rigiden Ordnung (Abb. 87). Immergrüne Pflanzen stehen für den Gedanken der Ewigkeit. Durch eine geschickte Platzierung von Skulpturen mit allegorischen Inhalten werden den Parterres symbolische Themen zugeordnet. Vom Frühling bis zum Herbst blühen in den Parterres oder deren Einfassungsbändern manchmal auch farbige Blumen, die in jeder Saison neu angepflanzt werden.

Abb. 88: Malans, Schloss Bothmar, um 1740 bis 1750 angelegt, Garteneingang, Winterbild. Die Mittelachse ist von geschnittenen Buchsbäumen begleitet und überwindet mehrere Stufen.

Abb. 89: Schloss Vaux-le-Vicomte, Garten, Parterre de Broderie: Ornamentformen aus geschnittenen Hecken auf rotem gebrochenem Ziegel, Detail. (Foto 2000)

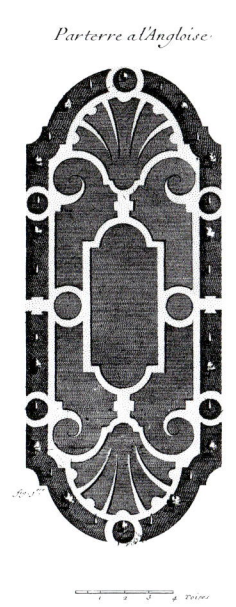

Abb. 90: Antoine-Joseph Dézailler d'Argenville, *«La théorie et la pratique du jardinage»*, Paris 1747 (4. Auflage).
«Parterre à l'Angloise», also englisches Parterre. Die dunkle Fläche ist Rasen, die helle Kies, eingefasst ist das Parterre von einem Blumenband, darauf stehen kleine Bäume und kegelförmig geschnittene Büsche in regelmässigen Abständen.

Allee und Parterre: Die Bestandteile des formalen Gartens

Der historische Gartenplan zum Neuschloss Worb nimmt sich wie eine Miniaturausgabe eines formalen Gartens aus (Abb. 82, S. 70). Der Plan zeigt alle wichtigen Elemente des französischen Barockgartens im Kleinformat. Aus dem Lehrbuch sind nicht nur die wichtigsten Grundsätze der Gartenanlage, wie oben beschrieben, übernommen, sondern auch einige charakteristische Einzelteile und Ornamentformen. Sie werden im Folgenden vorgestellt.

Die Bestandteile des formalen Gartens, die der Gartenarchitekt angewendet hat, sind alle im Gartenbuch von Dézallier beschrieben und abgebildet worden. Die meisten tragen – ihrer historischen Herkunft entsprechend – französische Namen.

Parterre heisst die geometrisch geformte ebene Gartenfläche. Im französischen barocken Garten ist das *Parterre de Broderie* beliebt; dieses weist komplizierte Muster auf, die mit niedrigen, in Form geschnittenen Buchshecken auf einem Kiesgrund gebildet sind (Abb. 89).

Das *Parterre à l'Anglaise* besteht im Wesentlichen aus Rasen, der von Kieswegen durchbrochen, mit Skulpturen oder in Form geschnittenen Zierbüschen bestückt ist. Oft fasst ein Rahmenband aus Blumen das Parterre ein. Ein Paar von typischen Parterres à l'Anglaise sind im Gartenplan des Neuschlosses im Zentrum des Südgartens angelegt. Sie sind tel quel aus dem Lehrbuch von Dézallier übernommen (Abb. 90).

Der Begriff *Boskett* bezeichnet ein kleines, auf einem regelmässigen Raster gepflanztes Wäldchen innerhalb einer Gartenanlage und wird meist im Anschluss an ein Parterre angelegt. Im Südgarten von Worb gibt es zwei gegengleiche Boskette, die heute aus kleinen Ahornbäu-

Palissade de Trianon.

fig. 4.

Abb. 91: Antoine-Joseph Dézailler d'Argenville, *«La théorie et la pratique du jardinage»*, Paris 1747 (4. Auflage).

«Palissade de Trianon», Bogenhecke mit Bäumchen. Dazu braucht es Baumsorten, die sich schneiden und ziehen lassen, wie z. B. den Feldahorn. Die noch bestehenden Ahornbäume westlich des Neuschlosses könnten der ursprünglich gepflanzten Baumsorte entsprechen; denn Feldahornbäume lassen sich sowohl schneiden als auch zu Hecken ziehen.

men mit kugelig geschnittenen Kronen bestehen. Im ursprünglichen Garten könnten auch Zwergobst- oder Beerenbäumchen gepflanzt worden sein.

Alleen aus hochstämmigen, in regelmässigen Abständen und in parallelen Reihen gepflanzten Laubbäumen begleiteten ehemals die Vorfahrt im Nordgarten.

In Form geschnittene Hecken aus Eiben, Hagebuche oder Buchsbaum rahmen den Garten auch heute wieder ein und unterteilen ihn in verschiedene Räume. Zwei Bogenhecken mit Kugelbäumchen formten in der ursprünglichen Anlage einen Quergang vor der Nordfassade des Schlosses. Am westlichen Gartenrand endete dieser mit einem Aussichtspavillon, der den Blick gegen das Alte Schloss öffnete. Die Bogenhecke mit Kugelbäumchen ist im Gartenbuch von Dézallier d'Argenville abgebildet. Sie hat grosse französische Vorbilder (Abb. 91).

Das *Cabinet de verdure* ist ein Gartenraum im Boskett, dessen Aussenwände aus geschnittenen Hecken bestehen. Der Gartenplan zum Neuschloss sieht in den Baumgärten beidseitig des Gartentors derartige grüne Kabinette vor.

Ganz wichtig war im Neuschlossgarten das Element *Wasser*. Zwei lange *Bassins* mit je zwei *Springbrunnen* begleiteten die Alleen im Nordgarten, zwei Schalenbrunnen flankierten den Ehrenhof, und ein querovales Bassin mit einer Fontäne beschliesst bis heute die Parterres im Südgarten.

Gartenplan und Geländeform

Dem spätbarocken Gartenplan zum Neuschloss sieht man nicht auf Anhieb an, dass er in verschiedene Geländeebenen abgetreppt ist. Man muss genau hinschauen, um die Niveauunterschiede zwischen den Parterres des Südgartens zu erkennen. Nur einige Treppen weisen darauf hin (Abb. 82, S. 70).

> **Abb. 92:** Neuschloss Worb, Flugaufnahme mit Südgarten von Südwesten.

Der gesamte Garten des Neuschlosses ist in vier Niveaus aufgebaut. Das Schloss und die seitlich davon liegenden Parterres, von hohen Bäumen überwachsen, liegen auf derselben Ebene. Die Terrasse mit Stützmauer bildet die erste Stufe des Gartens. Über die Treppe in der Terrassenmitte steigt man auf das Mittelparterre hinunter, das am reichsten ausgestaltet ist. Von dort geht man über einige Stufen in die Seitenparterres hinunter, heute Rasenparterres, und von dort wiederum zu den Boskett in den unteren Gartenecken. Eine recht steile und auch recht hohe Böschung bewerkstelligt die Anpassung an das natürlich verlaufende Gelände unterhalb des terrassierten Gartens. (Foto 2001)

Der Gartenplan rechnet mit der Geländebeschaffenheit der Grossmatt: Der Nordgarten und die Terrasse liegen auf der Ebene, der Südgarten ist am Hang gestuft (Abb. 92). Die Terrassenmauer und die verschiedenen Parterreebenen des Südgartens wurden mitsamt dem Bassin in den Jahren 1985–1989 wiederhergestellt und die Beläge und die Bepflanzung in vereinfachter Form neu angelegt. Wir können deshalb den bestehenden Südgarten betrachten und müssen uns nicht mehr an den historischen Gartenplan halten.

Vom Terrassenrand bietet sich dem Betrachter ein besonders schöner Blick auf die unten liegenden Parterres und das Bassin des Südgartens an (Abb. 93). In der Terrassenmitte führt eine Freitreppe auf das mittlere Gartenparterre (Abb. 94). Der Südgarten ist in drei ebene Gartenflächen geschichtet. Vom Mittelparterre sind die beiden Seitenparterres abgestuft, mit Rasenteppichen und kegelförmig geschnittenen Buchsbäumchen in den vier Ecken (Abb. 95, 96). Noch etwas tiefer liegen die äussersten seitlichen Parterres mit den Boskets (Abb. 97). Die verschiedenen Gartenteile sind mit präzis geschnittenen niederen Buchshecken voneinander getrennt.

Die gestufte Anlage des Südgartens spiegelt die innere Anlage des Hauses, worin die mittleren Räume, die Treppenhalle und der Gartensaal, ja auch die grössten und wichtigsten sind. Die Decke des ursprünglichen Mittelsalons lag höher als die der Nebensalons zu beiden Seiten, genau wie das Mittelparterre im Garten (S. 30, 31). Hierarchie ist ein wichtiges barockes Ordnungsprinzip, nicht nur in der Architektur, sondern vor allem auch im gesellschaftlichen Gefüge.

Abb. 93: Neuschloss Worb, Übersicht über den Südgarten vom Westende der Terrasse. Vorne das westliche Seitenparterre, rechts etwas unterhalb das westliche Boskett, darüber das Mittelparterre mit Wasserbassin. Strenge geometrische Formen und Strukturen prägen die Gartenanlage, das satte Grün des Rasenteppichs und die grauen Kieswege bestimmen die Farbigkeit. Über den Kugelkronen der Boskettbäumchen öffnet sich die Aussicht in die liebliche Hügellandschaft am Rand des Emmentals. (Aufnahme 2002)

>
Abb. 94: Neuschloss Worb, rekonstruierte Terrassenmauer mit Eisengeländer und Vasen aus Kunststein, mit roten Geranien bepflanzt. Im Mittelteil der Mauer ranken rot blühende Kletterrosen, an den Seitenteilen wachsen Spalierbäumchen. Eine zentrale Freitreppe führt zum Mittelparterre und von diesem einige Treppenstufen hinab zum Seitenparterre. (Foto 2001)

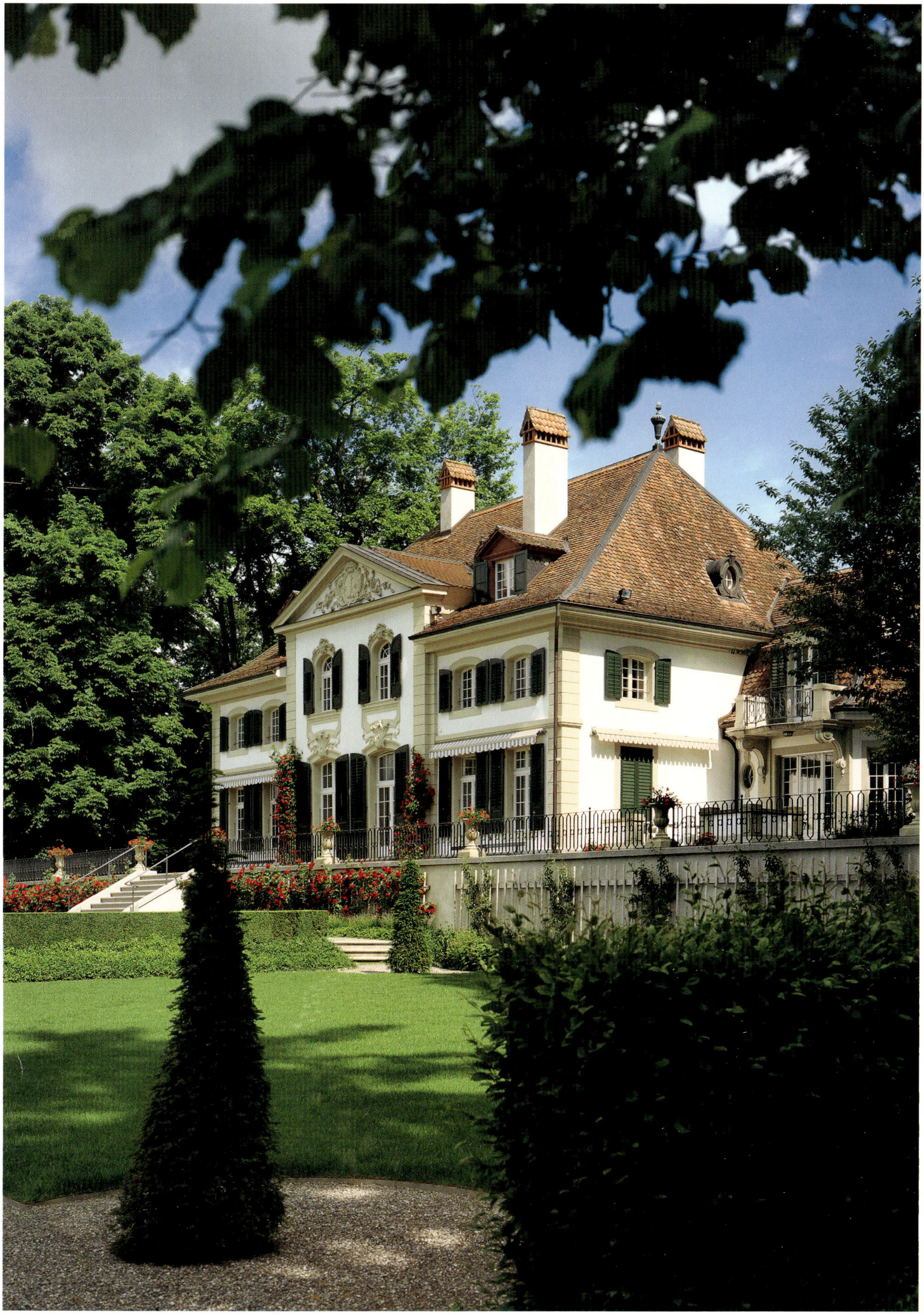

Abb. 95: Neuschloss Worb, Südgarten, westliches Seitenparterre vom Mittelparterre aus.

Die rechteckige Rasenfläche ist von Buchshecken eingefasst und von einem Kiesweg umrandet. Vorne links die Treppe und Böschung zum unten liegenden Boskett, oben rechts die Terrassenmauer mit seitlicher Treppe, darüber die mächtigen alten Kastanienbäume des Rasenparterres zur Schmalseite des Schlosses. Verschiedene Grüntöne, das Grau des Kiesbelags und die weisse Mauer prägen die dezente ruhige Farbigkeit, einzelne lebhafte Farbtupfer geben nur die Blumen in den Vasen am Terrassenrand. (Foto 2002)

Abb. 96: Neuschloss Worb, Südgarten, östliches Seitenparterre von Südosten. Links darüber die Böschung und die Buchshecke des Mittelparterres, oberhalb die Terrassenmauer. Das Schloss ist über diesem stufenförmigen «Unterbau» wie auf einem Sockel in Szene gesetzt und hebt sich auch farblich mit seinen strahlend weissen Fassaden vom ruhigen Grün des Gartens ab. Der Rasenteppich ist vom Kiesweg umgeben, die Ecken sind ausgenommen für die zu Kegeln geschnittenen Buchspflanzen in allen vier Ecken. (Foto 2001)

Abb. 98: Neuschloss Worb, Sicht über den Terrassenrand auf das Mittelparterre des Gartens, die Hügellandschaft um Worb, die Voralpenkette mit Stockhorn und die schneebedeckte Alpenkette mit Blüemlisalpmassiv. (Foto 2001)

<
Abb. 97: Neuschloss Worb, Südgarten. Die Böschung zwischen dem westlichen Seitenparterre und dem tiefer liegenden Boskett ist mit Rasen bewachsen. Parterre und Boskett sind von einer Buchshecke getrennt, ein Durchgang mit Treppe verbindet sie. Oberhalb davon verläuft die schnurgerade Hecke, die das Mittelparterre einfasst. (Foto 2002)

In grossen formalen Gärten wird die Gehachse durch eine oder mehrere weit ausgreifende Blickachsen in die Weite geführt. Waldschneisen oder Alleen zielen auf ein Wasserspiel oder eine Statue in der Ferne. Das war in Worb, der Hanglage wegen, nicht möglich. An die Stelle einer konstruierten Achse bezog der Architekt die weite Aussicht in den Gartenplan ein. Er öffnete den Blick auf die weich gewellte Hügellandschaft mit ihren Wäldern und Wiesen, Feldern und Einzelhöfen. Die natürliche Landschaft bildet einen grossen Kontrast zum streng konstruierten formalen Garten. Darüber steht, wenn das Wetter es will und die Sicht klar ist, als Höhepunkt die glänzende Kette der Berner Alpen (Abb. 98).

Der formale Garten und die barocken Sternfestungen

Nicht nur die Reissbrettarchitektur, also die Erfindung dieser mehrstufigen Gartenanlage auf dem Plan, beeindruckt. Auch die Umsetzung ist bemerkenswert. Sie erforderte grossflächige Erdbewegungen wie Abgrabungen, Aufschüttungen, Ausebnungen, die im 18. Jahrhundert mit Schaufel und Pickel, Pferde- und Schubkarren ausgeführt wurden. Die

Abb. 99: Neuschloss Worb, Südgarten. Blick vom Mittelparterre zum östlichen Seitenparterre und Boskett.
Die Buchshecke verläuft auf der Böschung. Die Kies- und Rasenflächen werden von Stahlbändern getrennt. Der formale Garten wird von einer Hecke aus Hagebuchen eingefasst. (Foto 2002)

Erdarbeit und die Stützkonstruktionen kosteten viel Geld. *«C'est ici où consiste la plus grande dépense des jardins»*, schreibt der Lehrbuchautor Dézallier völlig zu Recht in seinem Kapitel über die Terrassierung der Gartenterrains. Die grosse Terrasse des Neuschlosses ist mit einer Stützmauer vom Südgarten getrennt, die weiteren Parterres sind mit Böschungen voneinander abgesetzt. Der Nordhof ist gepflästert. Die Rasenteppiche sind damals wie heute mit Stahlbändern von den Kiesflächen getrennt (Abb. 99). Die Wasserbassins hatten ehemals mit Mörtel verstrichene Böden und Ränder aus Kalkstein.

Der Barock war die grosse Zeit der Bastionen. Diese wurden entwickelt, um Städte und Schlösser gegen die schweren Artilleriegeschütze zu sichern. Dazu wurden dicke Erdwälle aufgeschüttet, Schanzen oder Bastionen genannt (Abb. 100). Die Fortifikationsingenieure entwarfen prachtvolle regelmässige und immer grössere Sternfestungen (Abb. 101). Zu deren Bau brauchte es ungeheure Erdbewegungen, weshalb die meisten Schanzenprojekte auf dem Papier geblieben und nicht ausgeführt worden sind. Voraussetzung zur Realisierung war das gleiche Know-how wie für die aufgeschüttete Gartenplattform mit ebenen Flächen über Stützmauern oder steilen, begrünten Böschungen.

Die Technik der Geländestufung erklärt auch der Gartenautor Dézailler genau. Er beginnt mit der Geländevermessung, diskutiert die Konstruktionsmöglichkeiten von Terrassen mit Stützmauern und rasenbewachsenen Böschungen und endet mit der Hydraulik. Für die Wasserkaskaden und Wasserspiele waren Leitungssysteme mit Gefälle und/oder Pumpen nötig. Der Wasserreichtum des Areals beim Neuschloss und das natürliche Gefälle bildeten die Voraussetzung für die Bassins und Brunnen im ursprünglichen Garten. Ein Teil des Wassers, das die Wasserspiele und Brunnen speiste, wurde vom Gewerbekanal abgeleitet. Ein anderer Teil wurde aus Quellfassungen von der Farbmatt her-

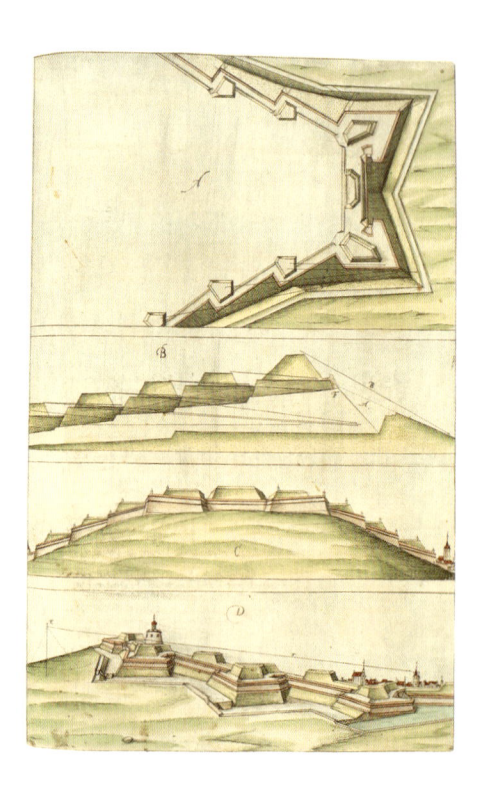

Abb. 100: Daniel Specklin, *«Architectura von Vestungen»*, Strassburg 1589. Bergfestung. Die in Stufen angeordneten Schanzen haben grasbewachsene Böschungen wie die formalen Gärten. (Radierung, Aquarell)

beigeführt. Die Dünkel, das sind die Holzröhren, in denen das Wasser unterirdisch geleitet wurde, mussten regelmässig ersetzt werden. In den Holzrechnungen der Herrschaftsherren, z. B. in jener des Jahres 1798, sind deshalb auch die Dünkel aufgeführt. Zehn Röhren mussten in der Wasserleitung für die Springbrunnen ersetzt werden. Berechnet wurden weiter die Ausgaben für ein Dutzend Dünkel für Brunnenleitungen sowie zwei für den Weierauslauf. Eine Zeichnung von 1831 zeigt den Feuerweiher beim Pintenschenk mit den darin gewässerten Dünkeln, dahinter das Alte Schloss (Abb. 102). Die ausgehöhlten Stämme mussten feucht gehalten werden, damit sich keine Risse darin bildeten. Wenn sie Wasser verloren, waren sie wertlos.

Die Schanzen wurden nicht nur mit dem gleichen technischen Hintergrundwissen gebaut wie die barocken Gärten. Auch die Ästhetik entspringt einer gemeinsamen Quelle. Es geht um die Darstellung einer absoluten Macht, die nicht nur über Ländereien und Menschen herrscht, sondern auch Gewalt, Mittel und die Techniken hat, sich die Natur zu unterwerfen.

Ein Garten zum Spazieren ...

Aber zurück in die Gegenwart: An diesem Hochsommertag des Jahres 2002 dringt die Hitze sogar in den Schatten der alten hohen Kastanienbäume, welche die Rasenfläche westlich des Neuen Schlosses abschliessen. Unbarmherzig brennt die Sonne auf die terrassierten Rasenparterres und Kieswege des rekonstruierten Südgartens hinunter. Gleissend hell und blendend präsentiert sich die weite Aussicht im Hintergrund; die Alpenkette, die bei guter Sicht darüber steht, verschwindet allerdings im Hochsommerglast. Die Schlossherrinnen der Barockzeit – darf vorausgesetzt werden – haben sich nicht ungeschützt in der Sonnenglut eines Augustnachmittages in den Südgarten begeben. Wie brauchten sie ihre Gärten?

Am besten lassen wir dazu eine Zeitgenossin sprechen. Persönliche Aussagen der Herrschaftsherren und -damen der Schlösser Worb über ihre Gärten haben sich nicht erhalten. Wir müssen Zuflucht zu einer besser bekannten historischen Persönlichkeit nehmen. In ihren zahlreichen Briefen kommt die Erzherzogin Charlotte von Orléans (1652–1722), die Schwägerin des Sonnenkönigs, hin und wieder auf die Gärten zu sprechen. Liselotte, wie sie zu Deutsch hiess, war die Tochter des Kurfürsten Karl Ludwig von der Pfalz. Sie lebte 1671 bis zu ihrem Tod im Jahr 1722 am französischen Hof und hatte viel Zeit, um sich in den königlichen Gärten zu ergehen und auch darüber zu schreiben. Die Briefnotizen von Liselotte vermitteln uns einen Eindruck von der Rolle, welche die Gärten im täglichen Leben der Hofdamen spielten, und vom Vergnügen, das sie darin fanden. Die Briefaussagen Liselottes sind sehr direkt und persönlich und gerade deshalb interessant und auf-

Abb. 102: Franz Friedrich Freudenberger (1804–1862), Album «*Souvenirs de Worb*», Herbst 1831, Nr. 16, Feuerweiher beim Alten Schloss. (Bleistiftzeichnung)

Abb. 101: Daniel Specklin, «*Architectura von Vestungen*», Strassburg 1589. Drei Varianten von Sternfestungen mit radial angeordneten Schanzen. Die aufgeschütteten Erdwälle sind mit Gras bewachsen. (Radierung, Aquarell)

schlussreich, auch wenn sie einige Jahrzehnte vor der Entstehung des Neuen Schlosses und dessen Gartens geschrieben worden sind.

Freilich hatten die königlichen Gärten Frankreichs ganz andere Dimensionen als derjenige des Neuschlosses, und die Mittel, die der Sonnenkönig dafür aufwendete, machten ein Vielfaches von jenen aus, die im Neuschloss für Gartenbau und -pflege eingesetzt werden konnten. Aber die französischen Gärten galten wie die gesamte französische Kultur und Mode als grosse Vorbilder, denen man auch im bernischen 18. Jahrhundert nacheiferte.

Liselotte ging gern und oft in den königlichen Gärten spazieren. Denn das sei gesund, meinte sie. Dabei suchte sie ganz selbstverständlich den Schatten. In einem Brief vom 15. Mai 1695 schreibt sie an die Kurfürstin Sophie von Hannover (1630–1714), ihre Tante, die selber das berühmte grosse Parterre von Herrenhausen angelegt hatte, auch der Garten in Paris habe nun Schatten, da die Bäume sehr gewachsen seien, und er sei schön.

Die Parterres auf den Terrassen seitlich des Neuen Schlosses standen schon im ursprünglichen Gartenplan im Schatten von hochstämmigen Baumreihen. Sie waren für den Gartenaufenthalt in unmittelbarer Hausnähe geeignet. Noch kühler war es auf den Gartenbänken im Schatten der grünen Nischen am Terrassenrand oder unter den Alleen im Nordgarten. Zudem gab es dort Kühlung durch die Wasserbecken und die Springbrunnen.

Allein der offene Südgarten des Neuschlosses war offensichtlich nicht für den Aufenthalt im Freien gedacht. Was war seine Aufgabe?

… und eine Bühne für den Auftritt der Herrschaft

Liselotte gefiel am Pariser Garten der Schatten, den er spendete, aber etwas anderes passte ihr nicht: «… *man kann ohnmöglich drinnen mit lust spazieren, ist allezeit zu viel canaille drinnen und man kann keinen schritt drinnen tun, ohne von hundert fenstern gesehen zu werden …*»

Liselotte, immer etwas auf Distanz zum Günstlingsgetriebe am Hof des Sonnenkönigs, wollte ihre Ruhe haben beim Spazieren. Sie wollte nicht von hundert Augenpaaren dabei gesehen werden und sich wie auf einer Bühne fühlen. Gerade das war aber eine wichtige Funktion des barocken Gartens.

Das Leben wurde in der Barockzeit mit einem Theater verglichen, worin jeder Mensch wie ein Schauspieler war, dem sein bestimmter Rang zustand und der seine genau umschriebene Rolle auszuführen hatte. Die Kleidung schon und die Grösse des Gefolges liessen erkennen, welchen Rang die Hauptdarsteller in der Gesellschaft innehatten und welchen Part sie spielten.

«Ich habe mir als eingebildt», schrieb Liselotte am 18. September 1691 dazu, *«daß wir unsers herr Gotts marionetten sein, denn man macht uns gehen hier und daher allerhand personage spielen, und darnach fallen wir auf einmal und das spiel ist aus.»*

Auch einen festlichen Anlass der Schlossherren und -herrinnen und ihrer Gäste im Garten des Neuschlosses darf man sich wie einen Bühnenauftritt vorstellen. Dazu eignete sich der repräsentative, den Blicken offene Südgarten. Hier setzte sich die Herrschaft selber in Szene. Von hier aus konnte man umgekehrt in die Runde schauen, den Blick über das Herrschaftsgebiet schweifen lassen.

Ein Garten voller Wasserspiele…

Liselotte von der Pfalz erzählt auch einige Male vom Garten des königlichen Schlosses Marly.

Der König war besonders stolz auf diese seine Gartenanlage. Er hatte sie als privates Refugium erbauen lassen, für einen beschränkten Kreis von Vertrauten und Privilegierten bestimmt. Nach dem Tod seines Bruders Gaston d'Orléans, des Gatten von Liselotte, lud er diese im Sommer 1701 dorthin ein, um sie seiner Gunst zu versichern. Er führte sie spazieren und zeigte ihr die neu eingerichteten Sehenswürdigkeiten des Schlossgartens. Sie machten, wie sie schreibt, *«den Tour vom Garten»*, das heisst den für eine Besichtigung vorgesehenen Rundgang, um dann auf eine Erhebung zu steigen, von wo aus man das neue Wasserwerk besonders gut sah. Sie schreibt voller Bewunderung von der grossen Fontäne und den Meeresungeheuern, die das Wasser für eine grosse Kaskade ausspieen.

Der Sonnenkönig liebte es, seinen Garten mit den Sehenswürdigkeiten, welche die Bewunderung der Besucher hervorriefen, vorzuführen. Das war ihr Sinn. Derartige Attraktionen waren – in viel bescheidenerer Ausführung – auch im Garten des Neuen Schlosses eingebaut.

Schon beim Näherkommen zog die doppelte Allee, welche die Schlosszufahrt säumte, die Blicke auf sich (Abb. 26, S. 30). Wir alle kennen den starken Eindruck, den ein Gang durch eine Allee in uns hinterlässt, besonders wenn die Bäume hoch gewachsen sind. Würde und Macht gehen davon aus. Umso imposanter wirkte eine doppelte Allee. Gleich nach dem Gartenportal dienten die vier Springbrunnen in den beiden parallelen Wasserbassins als Blickfang (Abb. 103). Damals waren Wasserspiele den herrschaftlichen Gärten vorbehalten und hinterliessen einen grösseren Eindruck als heute, da in jeder ordentlichen Parkanlage ein Springbrunnen läuft. Die Bassins ergänzten die Allee mit Wasserspiegeln und Lichtspiel, die glitzernden Wassersäulen mit Bewegung und Geräusch. Im Ehrenhof dann, beidseits eines querovalen Rasenparter-

Abb. 103: Franz Friedrich Freudenberger (1804–1862), *«Souvenirs de Worb»*, Nr. 28, *«Portal des neuen Schlosses in Worb. fec. 8bre 1831»*. Dahinter Bassin mit zwei Fontänen. (Aquarellierte Federzeichnung)

res, waren zwei Schalenbrunnen mit Figurenstöcken in ihren Heckennischen zu bewundern (Abb. 104). Wasser spielte eine grosse Rolle im Repräsentationsprogramm des Gartens.

Im östlichen Annex hinter der Nordfassade des Schlosses gab es eine weitere Variante des Wasserspiels. Hier lag eine halbrunde gewölbte Nische mit einem laufenden Brunnen. Unter einem Grottengewölblein stand eine Brunnenschale, bei der das Wasser überlief und in ein unteres muschelförmiges Becken tropfte. Darüber klärt uns eine Zeichnung aus dem Jahre 1831 auf. Die Nische präsentierte sich ein knappes Jahrhundert nach dem Bau des Schlosses noch in der alten Form – allerdings lief der Brunnen nicht mehr (Abb. 34, S. 35).

Von der Terrasse, die mit einem Eisengeländer abgeschlossen war, öffnete sich als besondere Attraktion der Blick über den gestuften formalen Südgarten, worin zwei kunstvoll gemusterte Parterres à l'Anglaise zu bewundern waren. Als Blickfang diente der Springbrunnen in einem querovalen Wasserbecken (Abb. 105). Er dürfte die grösste und höchste Wassersäule im Garten produziert haben. Die Fontäne stand in der Mitte des Hintergrundsbildes, des Alpenpanoramas, das schon damals als besondere Attraktion galt, wie eine Ansicht aus dem späten 18. Jahrhundert vor Augen führt (Abb. 13, S. 19).

Abb. 104: Franz Friedrich Freudenberger (1804–1862), *«Souvenirs de Worb»*, Herbst 1831, Nr. 24, *«Der Hofbrunnen»*. Auf dem Brunnenstock steht eine Statuette der *Flora*, im Becken tummelt sich eine Taubenschar. (Bleistiftzeichnung)

Abb. 105: Neuschloss Worb, Südansicht mit formalem Garten, im Vordergrund Wasserbecken mit Springbrunnen. (Foto Mai 2001)

… und seltener Pflanzen zum Vorzeigen

Am Fuss der Terrassenmauer, kann man sich vorstellen, machte der Schlossherr Halt und drehte sich um, um auf die Kletterrosen, Reben und Spalierbäume hinzuweisen, die an der südexponierten Mauer besonders gut gediehen, blühten und Früchte trugen. Mit Stolz zeigte er vielleicht auch seltene fremdländische Blumen und Kräuter vor, die in den Pflanzbeeten der sonnigen seitlichen Parterres wuchsen. Die Beete waren nach einem geometrischen Muster angelegt und von Wegen durchzogen, und an den Ecken und in der Mitte mit kegelförmig geschnittenen Büschen akzentuiert (Abb. 82, S. 70).

Auch die Pflanzen wurden nicht nur um ihrer schönen Form und Farbe willen gehegt. Je seltener und exotischer sie waren, desto besser eigneten sie sich zum Vorzeigen. In der Barockzeit waren vor allem Tulpen und andere Zwiebelpflanzen in Mode, man züchtete und handelte sie als Raritäten zu hohen Preisen. In einem Brief vom 7. Mai 1702 erzählt Liselotte von einem Maitag, an welchem sie im Garten von Marly anderthalb Stunden spazieren gegangen sei. Dabei hätte sie *«die admirable tulipanen, so der König zu Marly hat, so alle curieusen kommen zu sehen»* angeschaut. *«Ein schottischer mylord kam vorgestern expresse, diese tulipanen*

SOCIETATIS BOTANICAE FLORENTINAE PRAESES
VIRO CLARISSIMO DOM: DE GRAFFEN RIED
Bernensis
S. P. D.

Nil nobis antiquius, magisque cordi est, quam Societatis nostrae Botanicae Florentinae incrementum, et decus: qua propter curam omnem diligentiamque in eo ponimus, ut Societas ipsa floreat, et augeatur non modo popularium nostrorum labore, et vigilantia, sed conlata etiam opera Exterorum Doctissimorum Virorum, qui in Re Physica universa inclarescunt, quique perhumaniter nobiscum comunicare velint peculiaria sua inventa, observata, vel adnotata ad Institutum nostrum illustrandae, amplificandaeque Historiae Naturalis Etruriae perutilia. Quum igitur nobis satis, superque innotuerint egregia tua in Physicis Studiis merita, plurimumque inde iuvari posse rem nostram speremus, concordibus suffragiis in Comitijs habitis die 9.mo Januarij 1760 Te Dom. de Graffen Ried in nostrum honorarium Collegam elegimus, inque Societatis Botanicae Florentinae albo describendum curavimus. In huius proinde rei testimonium praesentes literas Tibi mittendas decrevimus, orantes ut nostram erga Te voluntatem, et studium aequi bonique facias, et Symbolam tuam Spartae nostrae ornandae conferre non graveris. Vale.

Aloysius Muelis de Sempis Secret.

Leonardus Frati delin. et sculp. Florentiae 1759.

Abb. 107: Franz Friedrich Freudenberger (1804–1862), Album «*Souvenirs de Worb*», Nr. 39, «*Das alte Schloss zu Worb vom Weyer gezeichnet, im 8ber 1831*».

Bergansicht des Alten Schlosses (rechts), Brücke mit Baumreihe, Schlossscheune und Speicher, dahinter der Pintenschenk. (Federzeichnung)

<
Abb. 106: Botanische Gesellschaft Florenz, Urkunde für Karl Emanuel von Graffenried (1732–1780).

Das Dokument ist in der damaligen Wissenschaftssprache Latein abgefasst. Es besagt, dass die botanische Gesellschaft Florenz, um selber zu wachsen und zu blühen, nicht nur daran interessiert ist, von eigenen, sondern auch von auswärtigen Gelehrten Beobachtungen und Notizen zu erhalten. Sie würdigt die herausragenden Verdienste des Herrn von Graffenried in den Naturwissenschaften und wählt ihn im Januar 1760 zum Mitglied. (Radierung, Aquarell)

zu sehen, sagte, eine von denen were zweytausend franken wert; er ist curieux von blumen und ist expresse überall herumb gereist, schöne blumen zu sehen: in England, in Holland, überall, wo die reputation von blumen ist, sagt aber, er hette nie keine so rar und schön gesehen als die zu Marly.»

Über die gärtnerischen Neigungen des Schlosserbauers und seiner Gattin wissen wir nichts.

Aber den Sohn des Erbauers, den letzten Herrschaftsherrn des Namens von Graffenried, Karl Emanuel (1732–1780), kennen wir aus den Schriftquellen als begeisterten und anerkannten Botaniker (S. 124–126). Er pflegte internationalen fachlichen Austausch, und man kann sich gut vorstellen, dass er in seinen Gärten oft kundige Besucher umhergeführt und ihnen die Raritäten gezeigt hat, die unter seiner Obhut gediehen. Er experimentierte mit fremdländischen Pflanzen, die er in Worb zog, und veröffentlichte dazu im Jahre 1764 sein «*Verzeichniss verschiedener Pflanzen und Ba(e)ume, die vor etwelchen jahren zu Worb gepflanzt worden, und die ka(e)lte unsers klima unbedekt ausgehalten haben*». Es erschien in den Blättern der Oekonomischen Gesellschaft von Bern.

In seinem Verzeichnis beschrieb er vor allem winterharte Arten aus der Neuen Welt, so aus Virginia, Pennsylvania und Kanada: z. B. den Virginischen Tannenbaum *(Abies fraseri)*, den Pennsylvanischen Zuckerahorn *(Acer saccharum)*, den Schwarzen Walnussbaum *(Juglans nigra)* und die Amerikanische Roteiche *(Quercus rubra)*. Einige Arten, die ihn interessierten, wurden in der Folge zu Modebäumen; sie prägen die Garten- und Landschaftsarchitektur in Mitteleuropa bis zum heutigen Tag. So beschreibt er neben verschiedenen Eichensorten die Babylonische oder Tränende Weide *(Salix orientalis. Miller II)*, die Rosskastanie

(Aesculus hippocastanum), die Robinie *(Robinia pseudoaccacia)*, den Flieder *(Syringa vulgaris)*, die Stechpalme *(Ilex aquifolium)* und die Chinawurzel Ginseng *(Panax quinquefolium)*.

Karl Emanuel war auch interessiert an der Verbreitung neuer Nutzpflanzen. Er sammelte neue Obst- und Beerensorten: Verschiedene Sorten von Pflaumen, Quitten, Mandeln, Pfirsich, Aprikosen, Kirschen, Brombeeren, Himbeeren, Rhabarber und Erdbeeren beschreibt er differenziert nach Wuchseigenschaften und Geschmack. Er liebte die Rosen. Einen wichtigen Bestandteil seiner Sammlung machten 44 verschiedene Rosenarten aus. Deren Arten waren zu dieser Zeit in der botanischen Nomenklatur noch nicht erfasst. Karl Emanuel unterscheidet sie nach Herkunft, Blütenfarbe, Wuchsform oder Duft. Als auserlesene Spezialität beschreibt er unter den mehrjährigen Blütenstauden die weisse Seerose *(Nymphaea alba major)* aus Indien, die vielleicht Zierde in einem der Bassins im Neuschloss war.

Die Aufzählung der Bäume und Büsche, die ein Gärtner im Jahre 1795 im Garten des Neuschlosses zu pflegen hatte, tönt dagegen recht prosaisch: Hagebuchen, Buchs, Spalierbäume, Reben und Boskets musste er im Frühling schneiden. Die Wege und Parterres aber und der Küchengarten waren dem Mieter den Sommer über zur Pflege überlassen. Von südländischen Baumarten geben die Schriftquellen des Herrschaftsarchivs einzig Kunde von einer Edelkastanie, die 1792 am Hofplatz des Pintenschenks zwischen der Brücke vor dem Alten Schloss und der Schlossscheune stand (Abb. 107).

Veränderungen und Wiederherstellung im 19. und 20. Jahrhundert

Gartenidylle: Bilderbogen vom Herbst 1831

Die Erinnerungsbilder aus dem Album «*Souvenirs de Worb*» vom Herbst 1831 bilden mehr Garten- und Landschaftsbilder ab als Interieurs (S. 36–42). Die jungen Leute aus gutem Hause liebten den Aufenthalt im Freien. Die Zeichnungen Freudenbergers geben Szenen von Ausflügen oder einer Jagd in der Umgebung wieder, bei denen oft das Alte, manchmal auch das Neue Schloss den Hintergrund abgibt (Abb. 108–110). Oder sie geben einen Einblick in vertraute Winkel des Neuschlossgartens, von wo aus sie wiederum die Aussicht zum Alten Schloss oder in die ländliche Idylle der umliegenden Bauernhöfe gewähren (Abb. 111).

Abb. 108: Franz Friedrich Freudenberger (1804–1862), Album *«Souvenirs de Worb»*, Herbst 1831, Nr. 40.
Jagdpartie mit dem Alten Schloss. (Aquarellierte Federzeichnung)

Abb. 109: Franz Friedrich Freudenberger (1804–1862), Album *«Souvenirs de Worb»*, Herbst 1831, Nr. 38, *«Das Finkenhüttlein»*.
Drei Damen mit grossen Hüten sitzen auf der Bank vor einem alten kleinen Rieggebäude mit geschlossenen Fensterläden, von dem sich eine schöne Aussicht anbietet. Zwei Damen sind im Gespräch vertieft, die dritte schaut dem Zeichner bei der Arbeit zu; der Künstler hat sich wohl selber porträtiert. (Federzeichnung)

Die grosse Geste der barocken Gartenanlage interessiert den Künstler im Jahre 1831 nicht mehr, obwohl zu dieser Zeit die strengen Achsen der Vorfahrt mitsamt Alleen, Wasserbassins und Springbrunnen noch intakt sind (Abb. 110, 26, S. 30). Ganz im Gegensatz zu Johann Jakob Biedermann, dem Maler des Ancien Régime, der die Vorfahrt 1789 noch als gross angelegte symmetrische Kulisse dargestellt hat, bildet der Künstler des Biedermeier die Schlosszufahrt schräg von der Seite ab, so dass ihre bestechende Perspektive verschwindet. Freudenberger hält eine muntere Gesellschaft fest, die sich auf dem Weg vom Gartentor zum Schloss befindet und von dessen Bewohnern in Empfang genommen wird. Es sind vornehme Sommergäste, aber keine mächtigen Herren über grosse Ländereien mehr.

Abb. 110: Franz Friedrich Freudenberger (1804–1862), *«Souvenirs de Worb»*, Herbst 1831, Nr. 9. *«Das neue Schloss Worb von der Nordseite gez.»*.

Zwei lange Wasserbecken säumen den Kiesweg zum Schlosshof. In jedem laufen zwei Springbrunnen. Eine Allee von Säulenpappeln begleitet die drei parallelen Wege. In der Seitenansicht schieben sich die Wasserbecken, Baumreihen, Springbrunnen und Kieswege voreinander und überschneiden sich. Die spätbarocke Perspektive wird nicht sichtbar. Zwischen der Vorfahrt und dem Schloss liegt der Vorhof, an dessen Seite ein Schalenbrunnen in einer Heckennische sichtbar wird. (Federzeichnung)

Die Schlossherrinnen des 19. Jahrhunderts benützen den Garten des Neuschlosses nach ihren ganz persönlichen Bedürfnissen. Hier ziehen sie sich auch gerne in einen Winkel zurück, wie die junge Dame, die sich mit Stuhl und Klapptisch unter einem Baum am Gartenrand eingerichtet hat (Abb. 111). Sie ist allein mit einem Brief und dem Handarbeitskorb und geniesst die Stille des Nachmittags und den Ausblick auf die östliche Grossmatt.

Abb. 111: Franz Friedrich Freudenberger (1804–1862), *«Souvenirs de Worb»*, Herbst 1831, Nr. 18. *«Marien Ruh. Bank gegen Wyl beym neuen Schloss Worb gezeichnet im Oktober 1831»*.

Die junge Dame hat sich am Gartenrand eingerichtet und geniesst den Ausblick auf die östliche Grossmatt. Dort bringen Bauern eine Ernte ein. Dahinter stehen die stattlichen Bauern- und Gewerbehäuser der Farb. (Bleistiftzeichnung)

Abb. 112: Stourhead Park, Wiltshire (1741–1780, für Henry Hoare, Bankier).

Der Park ist als Abfolge von sanft ineinander gleitenden begehbaren Bildern gestaltet. Eine römische Bogenbrücke, der klare Spiegel eines künstlich aufgestauten Sees und dahinter ein römisches Pantheon führen den Blick in die Tiefe und entführen gleichzeitig den Geist in die Antike. Die Vorbilder für die arkadischen Bilder gab die klassische Landschaftsmalerei des 17. Jahrhunderts. (Foto 2001)

Maurus Schifferli
ARKADIEN ODER DIE SUCHE NACH EINER TRAUMLANDSCHAFT

Zu Beginn des 18. Jahrhunderts setzt sich in England eine ästhetisch-philosophische Strömung durch, die, ausgehend von einem neuen Naturverständnis, einen radikalen Wandel in der Gartenkunst auslöst. Dieser ist als Antwort auf die französisch geprägte feudalautoritäre Herrschaft, den Absolutismus, zu verstehen und nimmt die Natur als Grundlage und Vorbild für die individuelle Freiheit und Entwicklung des Menschen. Der Begriff der Natur wird zur Metapher für Tugend und Moral. Die ideale natürliche Landschaft wird Leitbild der Gartenarchitektur. Dazu gesellen sich Tempel- und Brückenbauten, die an die grossen Werke des griechischen und römischen Altertums erinnern. Ein wesentlicher Anstoss geht von der klassischen Landschaftsmalerei des 17. Jahrhunderts aus. Arkadische Landschaften mit antiken Bildmotiven werden in die dritte Dimension des Gartens überführt.

Unter Berücksichtigung der natürlich gewachsenen Topografie und eingebunden in die bestehenden natürlichen Vegetationseinheiten werden besondere Orte (Anziehungspunkte) mit Mitteln gestalteter Natur (Grotte, Wasserlauf, See, Lichtung, Aussichtspunkt) ausgezeichnet und erzeugen eine Staffelung des Raumes (Abb. 112). Dadurch erfährt die Landschaft einen bildhaften Charakter mittels idealisierter Naturmotive – der Betrachter wird gedanklich nach Arkadien zurückgebracht.

Scheinbar planlos gewählte Punkte sind über ein System von Rundwegen miteinander vernetzt. Die Topografie als Gestalt gebendes Merkmal bestimmt die geschwungene Wegführung. Dabei wird die Dauer der Annäherung an einen Punkt verlängert und dessen dreidimensionale Gestalt beim Passie-

Abb. 113: Stowe Landscape Gardens, Buckinghamshire (ab 1733, William Kent, Capability Brown u. a.).
Der Rundweg führt vom offenen Gelände an einem kleinen Tempel vorbei in ein Gehölz. (Foto 2001)

ren stark betont. Der englische Landschaftsgarten gleicht einer filmischen Choreografie – der Passant bewegt sich von einem Landschaftsbild zum andern, von einem Gemütszustand in den andern.

Ein vom Garten aus nicht erkennbarer Graben umschliesst den englischen Landschaftsgarten und schützt diesen vor Weidevieh und wilden Tieren (Abb. 114). Die verborgene Grenze gestattet die unverstellte Sicht in die freie, unermessliche Landschaft, in die sich der Garten optisch ausdehnt.

Der Park wird mit zahlreichen Staffelarchitekturen wie Tempeln, künstlichen Ruinen und Eremitagen durchsetzt (Abb. 113). Diese dienen als psychische Stimuli. Die diskrete Magie des Geometrischen, die erst im Kontrast zur Unregelmässigkeit des umgebenden Parks ihre volle Wirkung entfalten kann, ergänzt die Bilderwelt und Gefühlsmomente. Ihren Höhepunkt erreicht der Traum von Arkadien aber erst mit der Verdinglichung der religiösen Mythen. Zitate und Inschriften nehmen häufig Bezug zur Antike, zum verlorenen Paradies.

Abb. 114: Rousham Park, Oxfordshire (vollendet 1742, William Kent).
So genanntes Ha-ha: Graben am Rand des Parkes, vom Haus aus unsichtbar, der das weidende Vieh vom Garten fernhält und zugleich den unverstellten Blick in die weite Landschaft ermöglicht. (Foto 2001)

Abb. 115: Stowe Landscape Gardens, Buckinghamshire (ab 1733, William Kent, Capability Brown u. a.).
Mächtige alte Steineiche vor einem kleinen See am Fuss einer Anhöhe. Im Gegensatz zu den geschnittenen Bäumen in französischen formalen Gärten entfalten sich die Bäume der englischen Landschaftsgärten in ihrem natürlichen Wuchs. (Foto 2002)

Abb. 116: Franz Friedrich Freudenberger (1804–1862), «Souvenirs de Worb», Herbst 1831, Nr. 10, «Das neue Schloss zu Worb von der Südseite».

Die Sonne im Südosten wirft noch lange Schatten auf den Rasen. Eine mächtige Trauerweide steht am Rand des Wasserbeckens. Gegenüber steht ein junger, vermutlich fremdländischer Nadelbaum. Seit dem späten 18. Jahrhundert wuchs das Interesse an fremdländischen Bäumen und Pflanzen, u. a. an solchen aus Amerika. An der Stützmauer sind Gitter zum Aufbinden der Kletterrosen, Reben und Spalierbäume befestigt. (Bleistiftzeichnung)

Trauerweide und Rundweg: Der Park des 19. Jahrhunderts

Im Gegensatz zur Architektur, die sich um 1831 noch in ihrem Urzustand präsentiert, hat sich im Garten des Neuschlosses zu dieser Zeit schon ein Wandel vollzogen. Das liegt in der Natur der Sache: Gärten sind von lebendigen Pflanzen «bevölkert», die wachsen, gedeihen und blühen, um nach kürzerer oder längerer Lebensdauer wieder abzusterben. Sie sind einfacher zu ersetzen als Bauteile. Neue, fremdländische Pflanzenarten werden in den Herrschaftsgärten oft aus botanisch-wissenschaftlichem Interesse oder auch aus Lust am Neuen gepflanzt (S. 87–90). Es sind denn auch einige markante Einzelbäume, die wir Nachgeborenen in den Erinnerungsbildern von 1831 als neue Attraktionen im Schlossgarten erkennen und die damals die Aufmerksamkeit des Zeichners auf sich gezogen haben.

Von mehreren Gartenbildern, die Friedrich Freudenberger 1831 in das Album gezeichnet hat, gibt eine die Nebenpforte des barocken Gartentors wieder. Die gemauerten Torpfosten verdecken die Schlossfassade, geben aber den Blick auf zwei Fontänen und eine frisch gepflanzte

Trauerweide frei (Abb. 103, S. 86). Als nächste Sehenswürdigkeit auf dem Weg zum Schloss hat der Künstler einen Schalenbrunnen im Schlosshof festgehalten. Hinter dem Brunnen steht wieder eine noch junge Trauerweide (Abb. 104, S. 86). Ein weiteres Erinnerungsbild gibt den Ausblick vom Südgarten des Neuen Schlosses gegen das Alte Schloss mit dem Feuerweiher vor dem Pintenschenk wieder. Vor dem Haus steht eine weitere Trauerweide (Abb. 102, S. 83). Offenbar hielt der Zeichner diesen Baum für besonders attraktiv. Und zweifellos hatte auch die Schlossherrschaft ein Faible dafür.

Die Südansicht des Neuen Schlosses, von Freudenberger 1831 gezeichnet, präsentiert sich als idyllisches Morgenbild (Abb. 116). Das Mittelparterre des barocken Gartenplans ist verschwunden. Eine mächtige Trauerweide steht am Rand des Wasserbeckens. Gegenüber wächst ein junger, vermutlich fremdländischer Nadelbaum. An der Stützmauer sind Gitter zum Aufbinden der Kletterrosen, Reben und Spalierbäume befestigt, und davor wird knapp ein Weg sichtbar, der von der Freitreppe nach beiden Seiten wegführt.

Abb. 117: Anonymes Gemälde, nach 1831 entstanden.

Das Neuschloss von Süden, zwischen den inzwischen hoch gewachsenen Bäumen der seitlichen Rasenparterres. Im Osten, vor der Gartenlaube, unterhalten sich zwei Herren an einem Tisch, vor der Südfassade, im Schatten einer Markise, sitzen drei Damen. Weisse Gitterstäbe an der Terrassenmauer leuchten hinter grünen Spalierbäumchen.

Die hohen Fenstertüren des Salons stehen offen, die oberen Fensterteile sind mit Läden verschlossen. Neu ist in der äusseren Erscheinung des Neuschlosses ein Jahrhundert nach seiner Erbauung einzig der seitliche Pavillon, dessen Walmdach von einer rankenüberwucherten Säule gestützt wird. (Öl auf Blech, 26 x 36,5 cm)

Eine andere Südansicht des Neuen Schlosses, wohl ein paar Jahre nach 1831 gemalt, gibt einen sehr schönen Sommernachmittag wieder (Abb. 117). Die Bäume der Parterres zu beiden Seiten des Gebäudes sind hoch gewachsen. Am Fuss der Terrassentreppe zieht sich ein Kiesweg in leichter Windung dahin. Die alte geometrische Anlage der Parterres in diesem Bereich ist aufgegeben. Die ehemals tiefer gelegenen Seitenparterres müssen in der Zwischenzeit angeschüttet und ausgeebnet worden sein. Die strenge geometrische Stufung und Einteilung des formalen Gartens war aus der Mode geraten. Stattdessen führt der wie auf natürlichem Gelände leicht ansteigende und wieder abfallende Weg durch wechselnde Gruppen von Bäumen, Büschen und einzelnen Blumenbeeten.

Die im Garten des Neuschlosses feststellbaren Veränderungen sind Konzessionen an das damals aktuelle Gartenideal des englischen Landschaftsgartens (S. 93, 94). Die Neuerungen wurden Schritt für Schritt vollzogen. Sie folgten nicht, wie die Anlage des Barockgartens, einem Gesamtplan, und sie haben, gemessen an den Idealen des Landschaftsgartens, bei weitem nicht dessen differenziertes Konzept und dessen Reichtum an Attraktionen. Ein Plan aus der Zeit nach 1830 zeigt erste Ansätze eines Rundwegs im Südgarten und im Osten des Schlosses (Abb. 118). Bis um 1880 wurde daraus ein Wegnetz mit unregelmässig geschwungener Linienführung (Abb. 119). Dieses bezog auch die ehe-

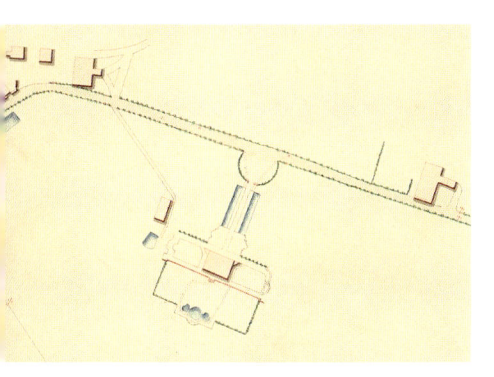

Abb. 118: Strassenplan, um 1833, Ausschnitt mit Neuschloss, Schlosspinte und Schlossscheune (oben links) und Farb (oben rechts).
Die barocke Vorfahrt im Norden des Neuschlosses ist mit Wasserbecken erhalten, ebenso die Umrisse des formalen Gartens. Im Westen (links) das Ofenhaus mit Feuerweiher. (Tusche, Aquarell)

Abb. 119: Katasterplan, 1884, Ausschnitt mit Neuschloss.
Die beiden Achsen der Vorfahrt zum Neuschloss sind in ein Wegnetz mit geschwungener Linienführung einbezogen, die Bassins verschwunden. Der Rundweg umfasst die ganze Gartenanlage und ist von unregelmässig gruppierten Gehölzgruppen begleitet. Das Bassin im Südgarten ist linsenförmig, die Terrassenmauer unter einer Böschung verschwunden. Einzig das westliche Seitenparterre des Südgartens ist in geometrischer Form und Anlage erhalten. Baumgarten auf der westlichen Grossmatt. (Tusche, Aquarell)

Abb. 120: Katasterplan, um 1912/13, Ausschnitt mit Neuschloss und Nebengebäuden (oben rechts).
Der Garten des Neuschlosses weist ein zusammenhängendes Wegnetz auf, das durch üppige Gehölzgruppen und Blumeninseln führt. Das Ofenhaus im Westen ist abgebrochen und durch die Nebengebäude an der Farbstrasse ersetzt. (Tusche, Aquarell)

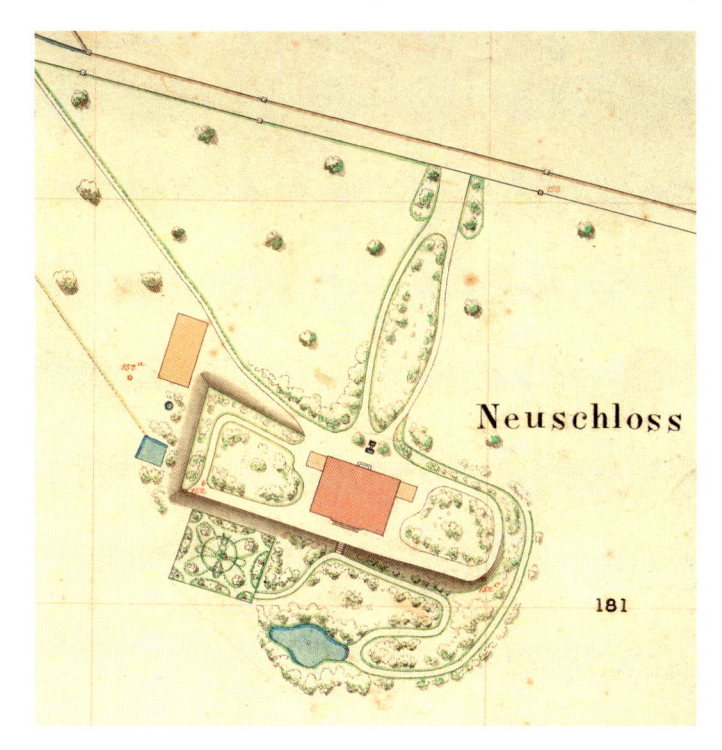

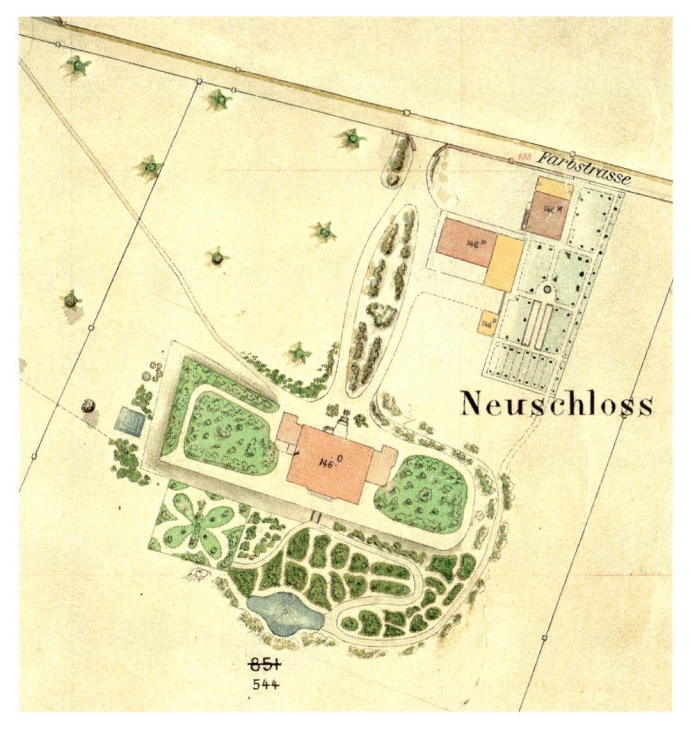

mals geraden Wegachsen der Vorfahrt im Norden ein, die inzwischen ein unregelmässiges lang gezogenes Oval bildeten, und die Abzweigung des Fussweges, der schräg über die Grossmatt zur Schlossscheune führte. Der Rundweg verband die Vorfahrt im Norden mit dem Weiher und dem Blumengarten im Süden, indem er sich zwischen Baum- und Buschgruppen hindurch- und über das Rasenfeld hinschlängelte (Abb. 120). Die angestrebte Raumerfahrung der offenen, weiten Parklandschaft mit wechselnden Bildern wurde dabei nur ansatzweise verwirklicht.

Die beiden parallelen Wasserbecken nördlich des Schlossgebäudes waren schon um die Jahrhundertmitte verschwunden, das Bassin im Südgarten präsentierte sich in Linsenform. Änderungen wie diese gehorchten einerseits den aktuellen Gartenidealen, andererseits waren sie ein Gebot der Wirtschaftlichkeit. Wohl anlässlich einer Reparatur wurde das Bassin etwas einfacher geformt, die Terrassenmauer war stellenweise in sich zusammengefallen und wurde – anstelle einer kostspieligen Reparatur – zur Böschung angeschüttet.

Der Garten des Neuschlosses hatte seine ursprüngliche Aufgabe eines Vorzeigeobjekts der Herrschaft im Laufe des 19. Jahrhunderts eingebüsst. Er wurde zwar regelmässig unterhalten: Den Winterschnitt der Bäume und Reben machte der Schlossgärtner, er setzte auch den Sommerflor und pflegte den Rasen; das hält ein Mietvertrag von 1850 fest. Die Mieter unterhielten die Terrasse und die Wege und bauten den Küchengarten an. Der Garten war ein wichtiges Argument für eine Saisonmiete des Neuschlosses. Dieses wurde im 19. Jahrhundert ja über lange Jahre nur in der schönen Jahreszeit vermietet, wenn die Gäste die Vorzüge des Gartens und der ländlichen Umgebung geniessen konn-

Abb. 121: «Bernische Haushaltungsschule», Klassenfoto, Frühsommerbild um 1890.
Die Schülerinnen, die zum Gartendienst eingeteilt waren, sind mit Hüten und Rechen ausgerüstet. Am Fuss der grasbewachsenen Terrassenböschung wachsen kleine Bäumchen, vielleicht Rosenbäumchen. Mächtige Rosskastanienbäume voller Blütenkerzen stehen zu beiden Schmalseiten des Schlosses. Kletterpflanzen wachsen an Holzgittern an der Schlossfassade.

ten. Dabei spielten – wie es im Mietvertrag von 1849 heisst – die Reben und Spalierbäume, Zwerg- und Zwetschgenbäume eine bedeutende Rolle; denn die Mieter durften das Obst ernten.

In einem Bericht über die Haushaltungsschule der Oekonomischen und Gemeinnützigen Gesellschaft des Kantons Bern, die zwischen 1886 und 1898 im Neuschloss eingemietet war, beschreibt der Verfasser auch die Lage und die Umgebung des Schlosses. *«Das schöne Gebäude thront auf freier, luftiger Höhe in einem mit Fruchtbäumen besetzten Wiesengrund, abseits und doch nahe dem Dorf.»* Der Lehrplan sah neben hauswirtschaftlichen Fächern Garten- und Gemüsebau und Blumenzucht vor. Weiter gehörten Obstanbau und die Konservierung der Früchte und Gemüse dazu (Abb. 121). Die damalige Schlossherrin Bertha von Goumoëns-von Effinger kam den Institutsvorsteherinnen entgegen, indem sie die Gartenfläche um einige Aren vergrösserte.

Neubarocke Elemente im Park um 1900

Den englischen Park mit Rundweg ergänzte Eduard von Goumoëns gegen 1900 mit Thujahecken. Diese, sie waren zinnenförmig geschnitten, trennten den Schlosshof im Norden vom Nutzgarten und den Dependenzgebäuden, die zur gleichen Zeit an der Farbstrasse entstanden waren (Abb. 45, S. 45), räumlich ab. Der Schlossherr – oder vielleicht auch seine Mutter, die das Schloss zuletzt bewohnt hatte – stellte weiter einen Brunnen mit rechteckigem Trog und Stock aus Kalkstein auf der Mittelachse des Schlosshofs auf und gab diesem dadurch wieder eine symmetrische Ausrichtung (Abb. 123). Westlich der Vorfahrt lag wie zu früheren Zeiten der Obstgarten, entlang der Farbstrasse und der geschwungenen Vorfahrt zog sich eine Lindenreihe. Diese Elemente erhielten sich

Abb. 122: Neuschloss Worb, Vorfahrt mit alten Bäumen und zinnenförmig geschnittener Thujahecke vor dem Hof. (Foto 1985)

Abb. 123: Neuschloss Worb, gepflästerter Nordhof mit Brunnen und zinnenförmig geschnittenen Thujahecken. Davon ausgehend die zweiarmige Zufahrt, im Hintergrund die Dependenzgebäude zwischen grossen alten Bäumen. (Foto um 1985)

bis ins späte 20. Jahrhundert. Der um 1900 angelegte Nutzgarten bei den Dependenzgebäuden war, wie ehemals der spätbarocke Garten, in regelmässiger geometrischer Form angelegt (Abb. 120, S. 97).

Die Familie von Goumoëns versah auch den Südgarten mit neuen Strukturelementen. Das westliche Seitenparterre hatte als Blumengarten seine geometrische Form durch die Jahrhunderte bewahrt. Im frühen 20. Jahrhundert präsentierte es sich mit Rosenbeeten am Rand und in der Mitte, kegel- und kugelförmig geschnittenen Buchsbäumchen auf der Diagonalen. Den Rundweg auf dem östlichen Seitenparterre begleiteten drei mächtige, säulenförmig geschnittene exotische

Abb. 124: Neuschloss Worb, Südgarten. Das westliche Seitenparterre hat seine geometrische Form behalten. Rosenbeete am Rand und in der Mitte des Rasenteppichs, kegel- und kugelförmig geschnittene Buchsbäume auf der Diagonalen erinnern an das Parterre des barocken Schlossgartens. Niedere Buchshecken fassen ein Blumenbeet im Mittelteil des Gartens ein. Mächtige zylinderförmig geschnittene Koniferen begleiten den Rundweg im östlichen Gartenteil. (Foto um 1920)

Abb. 125: Neuschloss Worb, Südansicht.
Die Familie Herrenschwand stattete den Garten mit Bäumen, Blumen und Kübelpflanzen zu einem üppigen grünen Paradies aus. Darin hielt sie sich, wie viele Fotos zeigen, oft und gern auf. (Foto um 1930)

Abb. 126: Neuschloss Worb. Auf dem Sitzplatz vor dem Pavillon an der Ostseite des Schlosses sitzt Nina von Herrenschwand.

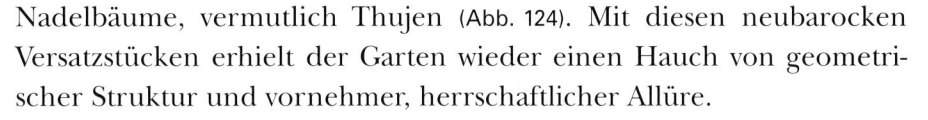

Nadelbäume, vermutlich Thujen (Abb. 124). Mit diesen neubarocken Versatzstücken erhielt der Garten wieder einen Hauch von geometrischer Struktur und vornehmer, herrschaftlicher Allüre.

Die Familie von Herrenschwand stattete die Terrasse und den Südgarten mit weiteren einheimischen und exotischen Bäumen, Blumen und Kübelpflanzen aus und schuf sich ein üppiges grünes Paradies (Abb. 125). Darin hielt sie sich, wie viele Fotos aus dem Familienalbum zeigen, oft und gern auf (Abb. 126–128, 130–132). Im Laufe des Jahrhunderts ging

Die Vasen auf den Pfosten sind mit exotischen Pflanzen bestückt. (Foto um 1940)

Abb. 127, 128: Fotos aus dem Familienalbum von Herrenschwand: Johann Walter und Nina von Herrenschwand-Mees und Töchterchen Marguerite Marie Helene im Garten des frisch umgebauten Neuschlosses. (Fotos Juni 1913)

101

Abb. 129: Neuschloss Worb, Südgarten. Der Weiher im Schatten grosser Bäume spiegelt die Schlossfassade und zwei kugelförmig geschnittene Buchsbäumchen. Der Garten ist von einem einheitlichen Rasenteppich überzogen. (Foto um 1940)

Abb. 130–132: Fotos aus dem Familienalbum von Herrenschwand: Johann Walter und Töchterchen Marguerite Marie Helene als Bébé vor dem Peristyl, vor dem grossen Umbau. Nina und Töchterchen Marguerite Marie Helene im Garten des frisch umgebauten Neuschlosses. (Fotos um 1911 und Juni 1913)

jedoch der Reichtum des Gartens allmählich wieder verloren. Immer noch war das ehemalige westliche Seitenparterre des Südgartens mit Buchsbäumen in allen vier Ecken erhalten, sie waren inzwischen zu stattlicher Grösse herangewachsen. Auch der Rundweg des 19. Jahrhunderts blieb bestehen. Er erschloss den Rasenpark, zu dem der alte Südgarten inzwischen geworden war (Abb. 129, 133, 134). An seinem Rand und um den Weiher erwuchs ein Baumgürtel (Abb. 135, 136). Der Nutzgarten neben den Dependenzgebäuden im Norden wurde im Laufe des 20. Jahrhunderts aufgegeben, u. a. zugunsten eines Tennisplatzes. So – mit Anlageteilen und Pflanzen aus verschiedenen Epochen – präsentierte sich der Garten beim Besitzerwechsel im Jahre 1985 (Abb. 134, 135).

Abb. 133: Neuschloss Worb. Der Südgarten präsentiert sich um 1980 als Rasenfläche, die an allen Seiten von einem Baumgürtel eingefasst ist. (Foto um 1980)

Abb. 134: Neuschloss Worb, Südgarten. Der alte Rundweg im östlichen Gartenteil. (Foto um 1985)

Abb. 135: Neuschloss Worb. Der Südgarten vom westlichen Terrassenende aus, mit Buchsbaum auf dem westlichen Seitenparterre, Weiher und Baumgürtel. (Foto um 1985)

Abb. 136: Flugaufnahme mit Neuschloss Worb, um 1985. Das Haus ist ringsum mit hohen Bäumen eingewachsen.

Abb. 137: Flugaufnahme mit Neuschloss Worb, um 2001. Der Südgarten wurde gerodet und nach dem barocken Gartenplan und nach Befunden rekonstruiert.

Abb. 138: Erläuterung des Rekonstruktionsprojekts zum Südgarten des Neuschlosses vor Ort. Peter Bernasconi, Gemeindepräsident Worb (links), Landschaftsarchitekt Peter Paul Stöckli (Mitte), Paul Fehlmann, Gemeinde Worb (rechts). (Foto 1987)

Abb. 139: Neuschloss Worb, Südgarten. Rekonstruktionsprojekt von Peter Paul Stöckli (Stöckli & Kienast, Landschaftsarchitekten, Wettingen), 1988. Grundriss mit Varianten: oben mit Böschung, unten (angeschnitten) mit Mauer unter der Terrasse.

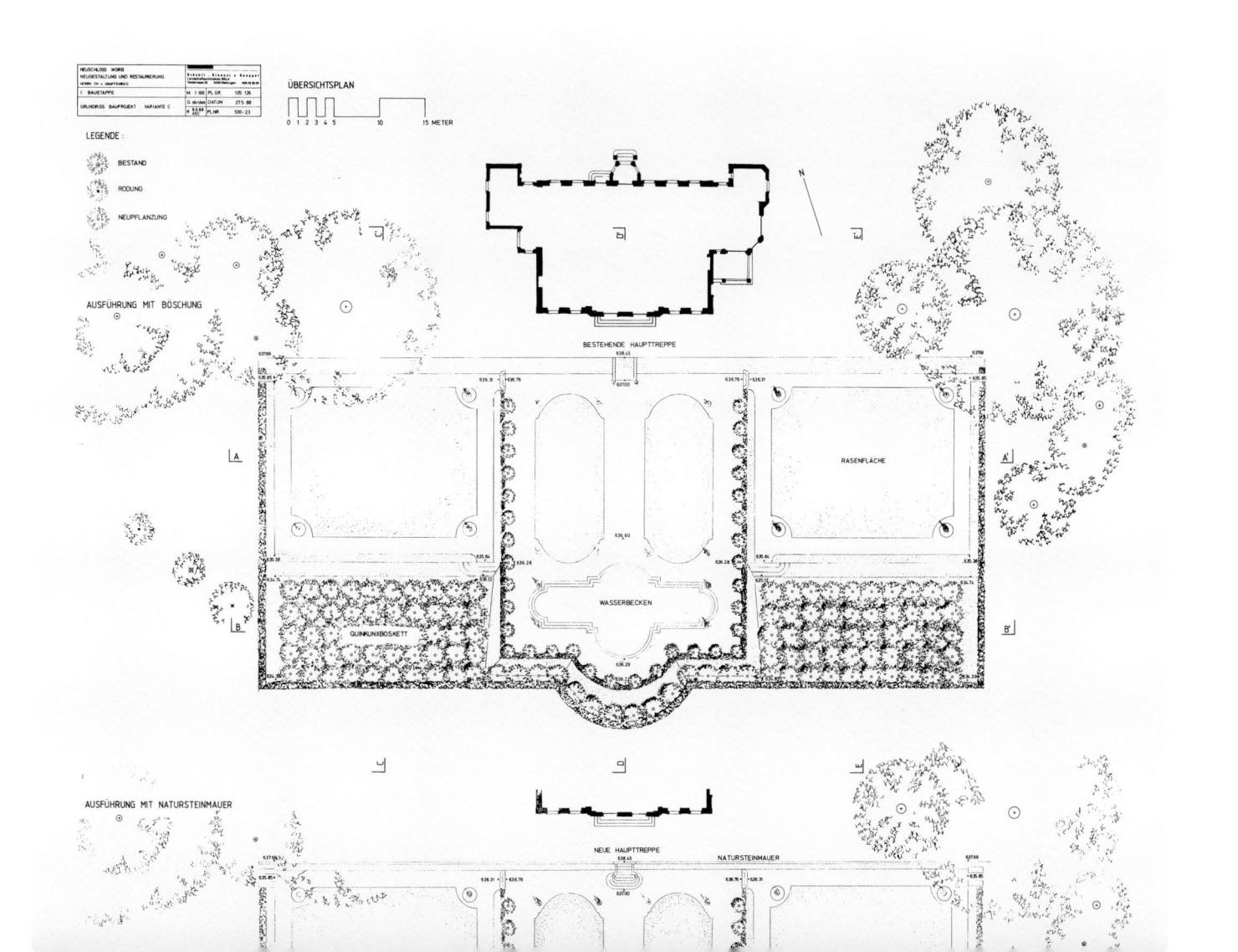

Abb. 140: Neuschloss Worb, für den Südgarten aufgeschüttete Erde. (Foto 1988)

Abb. 141: Neuschloss Worb, Südgarten, zum Anpflanzen vorbereitet, mit betoniertem Bassin. (Foto 1988)

Die Rekonstruktion des spätbarocken Gartens 1985–1991

Während die Schlossherren von Goumoëns und von Herrenschwand ein Auge für die spätbarocke Schlossarchitektur hatten und sie – jeder auf seine Weise – respektierten und bewahrten oder ergänzten (S. 43– 59), gestalteten sie den Garten fortwährend nach den Vorstellungen und Moden ihrer Zeit neu. Gartendenkmalpflege war damals noch lange kein Thema, und auch heute ist sie ein noch junger Zweig der Denkmalpflege. Normalerweise geht es dabei um Pflegeakte an noch vorhandenen alten Baumbeständen und historischen Gartenanlagen. Die Rekonstruktion eines ganzen Gartenteiles aufgrund alter Dokumente

Abb. 142: Neuschloss Worb, Südgarten. Rasenbepflanzte Böschung unter der Terrasse, mit Buchshecke und Vasen. (Foto 1991)

Abb. 143: Neuschloss Worb, Südgarten. Spazierweg am Fuss der Böschung am südlichen Gartenrand. (Foto 1991)

ist die Ausnahme. Genau das wurde im Neuen Schloss unternommen. Grundlage und Voraussetzung dazu war der prachtvolle Gartenplan von der Hand des Architekten (Abb. 82, S. 70). Er faszinierte damals und begeistert heute noch. Er bewog die Experten dazu, die Rekonstruktion vorzuschlagen. Der Bauherr freundete sich schnell damit an, nicht zuletzt, weil die ursprüngliche Gartenanlage die Vorzüge von Lage und Geländeform geschickt nutzt und die prächtige Aussicht besonders schön präsentiert. Charles von Graffenried betrat mit dieser Wiederherstellung samt ihren Terrainverschiebungen ein Stück Neuland (Abb. 140, 141).

Abb. 144: Neuschloss Worb, der Nordhof wird gepflästert. (Foto 1991)

Abb. 145, 146: Neuschloss Worb, Vorhof, Statuen in Heckennischen, allegorische Frauen- und Jünglingsgestalt.
  Die etwa 1,80 m grossen Originale wurden um 1775 für das Schloss Reichenbach geschaffen, zuletzt waren sie im Garten der Villa Le Pavillon am Thunplatz in Bern aufgestellt. Die Besitzerin Madeleine von Fischer-von Graffenried gab sie als Dauerleihgabe an den Kanton Aargau, sie stehen heute im Regierungsgebäude in Aarau. Die Abgüsse für das Neuschloss wurden 1991 aus epoxidharzgebundenem Mörtel geschaffen. (Foto 2001)

Der Bauherr nahm die Rekonstruktion des Südgartens gleich in der ersten Bauphase in den Jahren 1985–1989 vor. Der Landschaftsarchitekt Peter Paul Stöckli, Wettingen, zeichnete das Rekonstruktionsprojekt anhand des spätbarocken Gartenplanes, aufgrund von Analysen des bestehenden Gartens und aufgrund von archäologischen Befunden (Abb. 138, 139, S. 105). Er untersuchte den alten Baumbestand und erstellte einen Rodungsplan. Nur der Südgarten wurde rekonstruiert. Sämtliche Bäume in diesem Gartenbereich wurden gefällt, dann wurde das Gelände terrassiert und planiert. Gleichzeitig wurden Wasser- und Abwasserkanäle gelegt, das Wasserbecken betoniert und seine Ränder mit Natursteinplatten abgedeckt. Im Herbst 1988 begannen die Gärtner mit den Pflanzarbeiten (Abb. 140–141).

Die Rekonstruktion des barocken Südgartens umfasst im Wesentlichen die alte geometrische Einteilung und Terrainstufung mit grünen Böschungen, Treppen und das Wasserbecken mit Springbrunnen. Nachdem man in einer ersten Phase die Böschung unterhalb der Schlossterrasse belassen hatte (Abb. 142), folgte in einer zweiten Phase, um 1999, die Wiederherstellung der Terrassenmauer mit Geländer und Vasen und die Verbreiterung der Treppe. Die Mauer war unter der Böschung in Teilen noch vorhanden gewesen. Kletterrosen blühen im mittleren, Spalierbäume wachsen in den seitlichen Teilen der Terrassenmauer (Abb. 94, S. 79). Die Bepflanzung des Südgartens umfasst Rasenparterres mit kegelförmig geschnittenen Buchsbäumen in allen vier Ecken, in Form geschnittene Hecken und die Boskette aus Kugelbäumen. Auf die Erstellung der barocken Einfassungsbänder, die oft mit Blumen bepflanzt waren, wurde verzichtet (Abb. 92, S. 77).

Von den Baumgruppen auf beiden Schmalseiten des Schlosses entfernte man nur die Bäume, die nahe beim Gebäude standen, die anderen liess man stehen. Diese seitlichen Rasenparterres waren im Laufe der Zeit vereinfacht worden, an ihren Aussenseiten waren Baumgruppen erwachsen. Sie blieben in dieser Form bestehen und wurden ergänzt. Ausgehend vom östlichen Seitengarten wurde ein Spazierweg rund um den Südgarten angelegt, der von einheimischen Baum- und Buschsorten begleitet ist (Abb. 137, S. 104, und Abb. 143, S. 107). Weiter liess der Bauherr am südlichen Parzellenrand, am Hangfuss, entlang der Enggisteinstrasse, die bestehende Ahornreihe ergänzen.

Erst in den Jahren 1990 und 1991, nach der Fertigstellung des unterirdischen Baus im Norden des Neuschlosses, wurde auch der Vorhof nach barockem Vorbild erneuert. Es handelt sich dabei nicht um eine Wiederherstellung des barocken Zustandes nach dem ursprünglichen Gartenplan, sondern um eine diesem nachempfundene Erneuerung. Der rechteckige Vorhof wurde gepflästert und mit geschnittenen Thujahecken eingefasst (Abb. 144). Auf der Ankunftsseite stehen zwei symme-

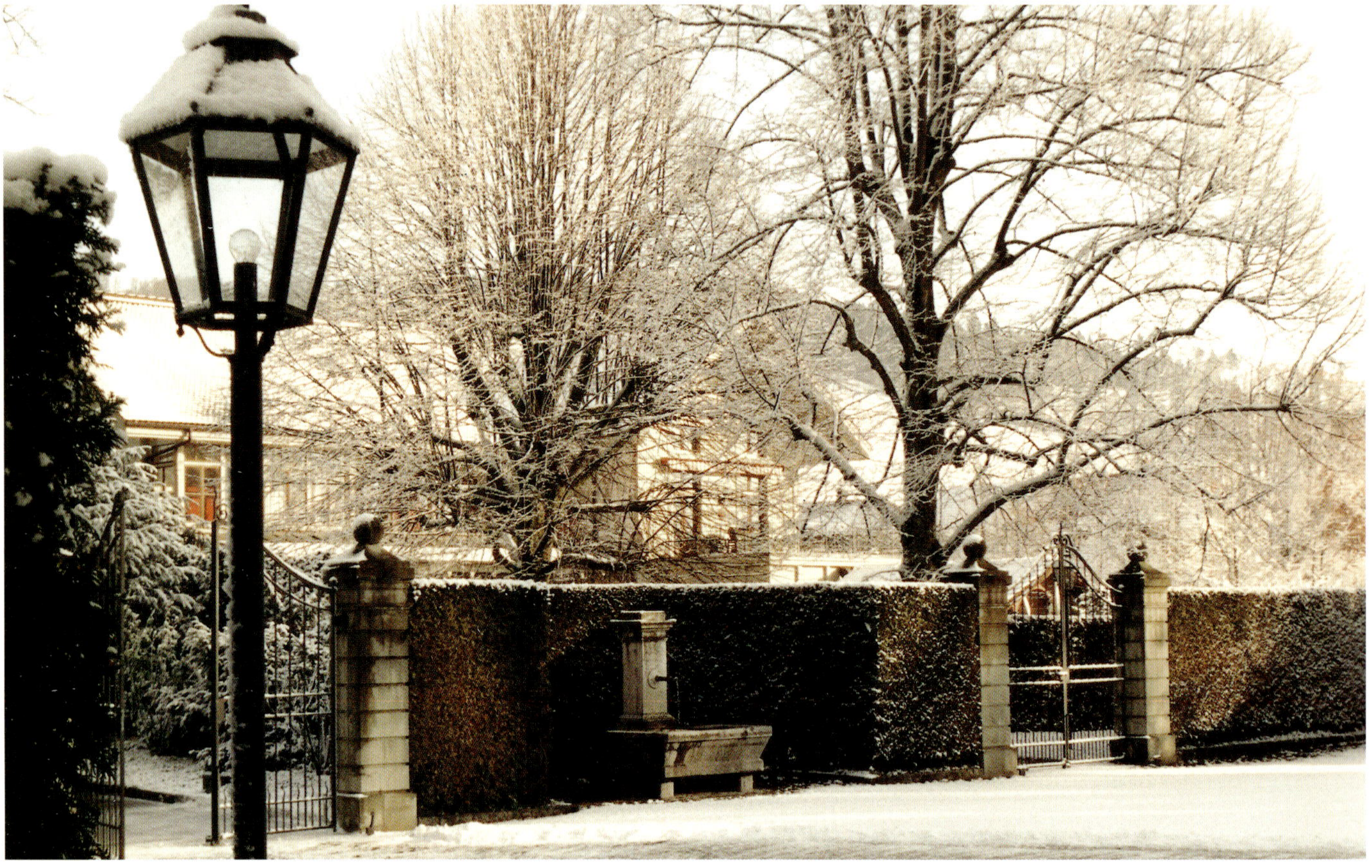

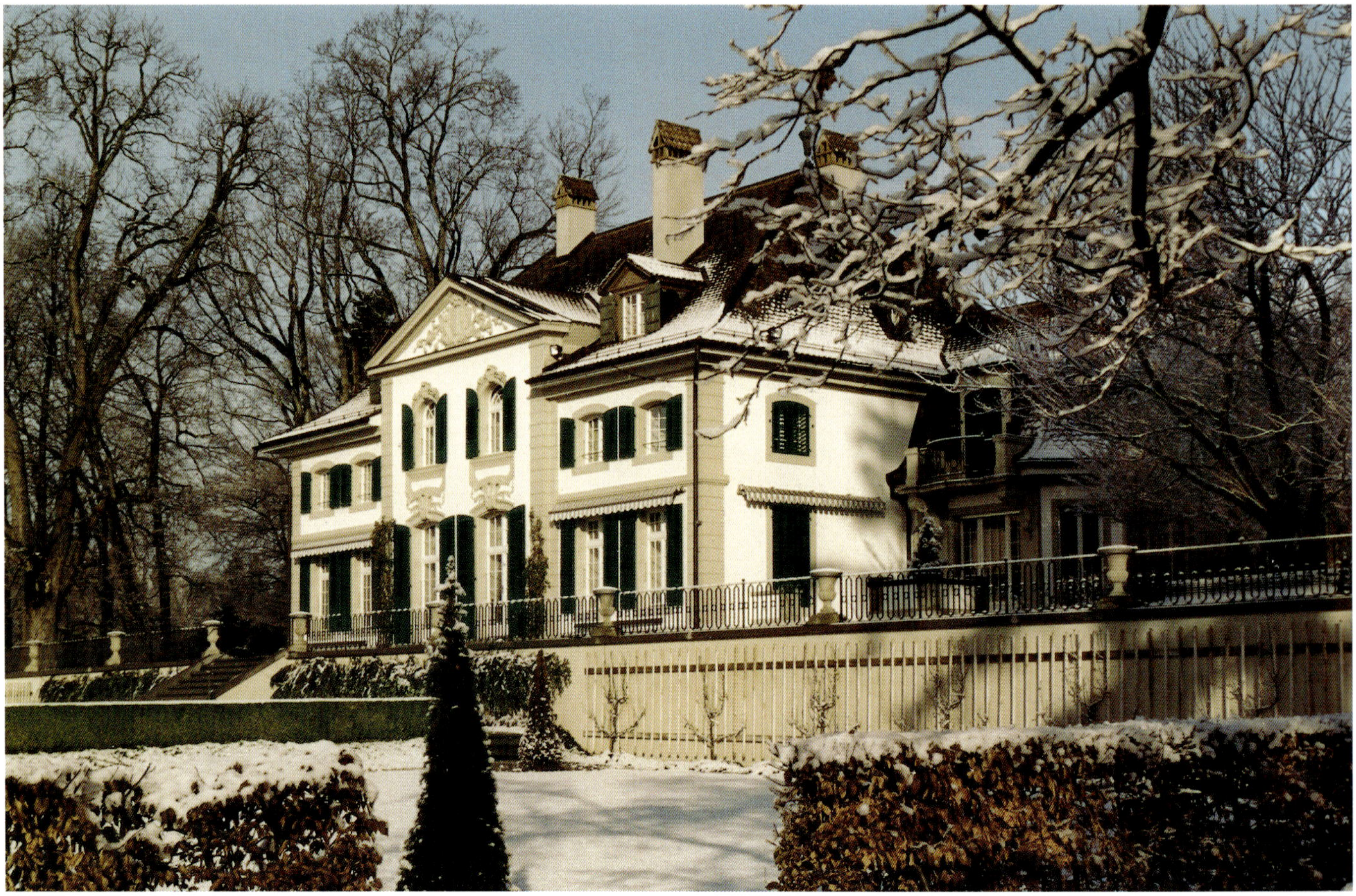

Abb. 149: Neuschloss Worb, Gartenparterre vor der östlichen Schmalseite des Schlosses und Terrasse mit Geländer und Vasen. Winterbild. (Foto um 2001)

Abb. 147: Neuschloss Worb, der Nordhof im Schnee. Thujahecke und Brunnennische zwischen zwei Toren, dahinter alte Bäume und das ehemalige Dependenzgebäude an der Farbstrasse. (Foto um 2001)

Abb. 148: Neuschloss Worb, Südansicht mit östlichem Parterre und Terrassenmauer. Winterbild. (Foto um 2001)

trische Hoftore mit gemauerten Pfosten und Gitterflügeln (Abb. 147). Zuletzt wurden die Kopien spätbarocker Figuren in die seitlichen Heckennischen gestellt (Abb. 145, 146). Anstelle des Baumgartens westlich der Einfahrt wurde ein grosser Parkplatz angelegt. Die Lindenreihe entlang der Einfahrt und der Farbstrasse blieb erhalten, die bestehende Natursteinmauer wurde entlang der Strasse verlängert.

Heute, schon mehr als ein Jahrzehnt nach dem Gartenbau, präsentieren sich Vorhof und Südgarten vollendet und bewachsen, doch immer noch in der geometrischen Klarheit und Präzision, die das originale Planwerk vorschreibt (Abb. 147–149). Damit geben sie den geeigneten Rahmen für die spätbarocke Schlossarchitektur ab. Aber nicht nur das: Der Südgarten des Neuen Schlosses Worb bietet sich darüber hinaus heute und hierzulande auch als ein kleines und reines Lehrstück für einen spätbarocken formalen Garten dar. Der Bauherrschaft dient er wie zur Bauzeit dem Aufenthalt im Freien und der Repräsentation. Der geschlossene Ehrenhof dient dem Empfang, die Gärten zu beiden Seiten des Schlosses dem Aufenthalt der Schlossbewohner in unmittelbarer Hausnähe. Der offene, gestufte Südgarten ist wie früher ein prächtiges Schaustück. Als Höhepunkt gewährt er wie damals den Blick auf die weite Landschaft und – wenn das Wetter es zulässt – auf die glänzende Kette der Berner Alpen.

Abb. 150: Anonymes Porträt des Christoph von Graffenried (1603–1687), 1677.

Der erste Herr zu Worb seines Namens, der alle Herrschaftsrechte in seiner Hand vereinigte. Der 74-jährige posiert in der schwarzen Ratsherrentracht mit «Mühlsteinkrause», die aus mehreren Lagen von gefälteltem Leinen besteht. Die vergoldeten Knöpfe und der Schwertgriff deuten auf Stand und Reichtum des Porträtierten hin. Seine rechte Hand mit weitem Hemdärmel aus feinem weissem Stoff stützt er auf einen Festungsplan, der ihn als Bauherrn des Stadtstaates Bern ausweist. (Öl auf Leinwand, 114 x 84 cm)

HERRSCHAFTSHERREN, SCHLOSSBESITZER
*Drei bernische Kurzbiografien
und die Lebensgeschichte des Gründers von New Bern*

Rudolf von Graffenried, Johanna Strübin Rindisbacher

Christoph von Graffenried (1603–1687), der erste alleinige Herrschaftsherr des Namens

1647 übernahm Christoph von Graffenried, Sohn der Ursula von Diesbach und des Abraham von Graffenried, den halben Teil der Herrschaft Worb. 1668 gelang es ihm, die zersplitterten Herrschaftsrechte in seiner Hand zu vereinigen. Durch den Kauf der zweiten Hälfte der Herrschaft von Rudolf Zehender wurde er alleiniger Herr zu Worb, Wikartswil und Trimstein (Abb. 150). Christoph hatte drei Gattinnen. Er heiratete 1631 Anna von Mülinen, 1648 Barbara Augsburger, 1659 Margarethe Tscharner.

Christoph zählte zu den bestimmenden politischen Persönlichkeiten seiner Zeit in Bern. Zu seiner Ausbildung gehörten Studien in Lausanne, Genf, Dijon und Paris. Dann diente er in der Leibgarde des Prinzen Friedrich Heinrich von Oranien. Seine politische Karriere begann 1635 mit dem Einsitz in den bernischen Rat der 200. 1642–1647 amtete er als Landvogt von Nidau. Ab 1651 gehörte er zum einflussreichen Kleinen Rat der Stadt Bern, 1654 wurde er Bauherr. Er war viermal Venner der Gesellschaft zu Pfistern und übernahm damit die Verwaltung des Landgerichts Seftigen.

Im Bauernkrieg 1653 war er Mitglied der bernischen Ratsdeputation, die mit den unzufriedenen Bauern verhandelte und sie schliesslich gewaltsam besiegte. 1656 wirkte er als Kriegsrat der bernisch-zürcherischen Truppen im Ersten Villmergerkrieg gegen die katholischen Orte der damaligen Eidgenossenschaft. 1659 war er Kommandant der Waadt und 1683 Oberkommandant der deutschen Lande.

In seinem Testament (1683) verfügte Christoph, dass die Herrschaft Worb nach seinem Tod nicht aufgeteilt werden dürfe, sondern wieder in einer Hand vereinigt werden müsse. Bei Zuwiderhandlung seien 2000 Pfund an die Pfrund zu Worb zu bezahlen.

Seine Enkel Christoph (1663–1719) und Abraham (1664–1719) übernahmen nach ihm die Herrschaft. Von ihren Erben kaufte Anton von Graffenried (1639–1730, siehe unten) 1721 die Herrschaft samt Schloss für 52 000 Pfund (Abb. 151).

Rudolf von Graffenried

Christoph von Graffenried, Christopher deGraffenried (1661–1743), der Gründer von New Bern

Herkunft, Jugend, Studien, Grand Tour   1661–1679

Christoph, der spätere Gründer von New Bern, war der älteste Sohn des Anton (1639–1730, Abb. 151), der als Mitglied des Grossen Rates, Landvogt von Aigle und Schultheiss von Murten für Bern tätig war. Als 82-Jähriger, 1721, kaufte er die Herrschaft Worb. Anton hatte in seinem Kaufbrief um die Herrschaft Worb von 1721/22 eine Geldstrafe von 2000 Pfund für den Fall festgelegt, dass diese ausserhalb der Familie veräussert würde. Begünstigt werden sollte die Worber Pfrund, also das Kirchengut.

Die Landvogtei Aigle versah Anton mit seiner Familie bis 1679 am Ort. Zur Finanzierung der Ausbildung übergab er seinem Sohn Christoph mit Zögern 20000 Pfund aus dem Erbe von dessen früh verstorbener Mutter, Katharina Jenner. Begleitet von einem Theologiestudenten, der die Verwaltung der Finanzen übernahm, reiste Christoph nach Heidelberg, wo er sich 18 Monate aufhielt. Er studierte und vergnügte sich, am Hof war er ein gern gesehener Gast. Von dort begab er sich nach Leiden in Holland, wo er sich an der Universität einschrieb.

Durch Vermittlung seines Vaters, der mit der königlichen Gesellschaft der Wissenschaften in Verbindung stand, gelangte der Student Christoph nach London, wo er nicht zuletzt als Spieler der Laute und der Flöte am Hofe beliebt und geachtet war. Von der Universität Cambridge wurde er zum Magister Artium ernannt. Er befreundete sich mit der Gefolgschaft des einflussreichen Herzogs von Albermale und der Nichte des Herzogs von Buckingham. Dem Wunsch, sein Vater möge ihm 10000 Pfund überweisen, entsprach dieser unter der Bedingung der Auszahlung in Paris. Christoph begab sich dorthin, begegnete Ludwig XIV. und wurde auch dort ein gern gesehener Gast. Nach mehreren Jahren kehrte er nach Bern zurück. In London war er mit Personen in Berührung gekommen, die mit der britischen Kolonie Amerika in Kontakt waren.

Abb. 151: Anton von Graffenried (1639–1730), anonymes Porträt, 1668.

Die nachträglich hinzugefügte Aufschrift in der rechten oberen Bildecke erklärt, dass Anton als junger Mann von 29 Jahren porträtiert und – erst viel später – Herr zu Worb geworden sei. Anton war 1668 seit vier Jahren Grossrat und schon zum zweiten Mal verheiratet. Dennoch trägt er eine weltmännische Jünglingstracht. Mit schulterlangem Haar und Schnurrbart, den federgeschmückten Hut in der linken Hand, weist er mit der rechten das Schwert an seinem Gürtel. Sein kurzer dunkler Rock steht offen, und die Ärmel sind geschlitzt, so dass sein weites feines Hemd darunter hervorschaut. Ein grosser Spitzenkragen ergänzt die Tracht. (Öl auf Leinwand)

Das Leben in Bern und Yverdon, Blick nach Amerika   1679–1709

Christoph kehrte mit 18 Jahren nach Bern zurück. Mit 30 Jahren, im Jahre 1691, wurde er in den Rat der 200 gewählt, mit 41 Jahren zum Landvogt in Yverdon. Dort blieb er bis 1708 zur Zufriedenheit der bernischen Regierung.

Er verheiratete sich 1684 mit Regina von Tscharner (1665–1739). Der Ehe entsprossen zwischen 1685 und 1703 elf Kinder, sieben Mädchen und vier Knaben. Von diesen überschritten zwei, Christoph als Ältester neben Franz Ludwig, geb. 1703, das Jugendalter. Der 1691 geborene gleichnamige Sohn sollte 1709 mit seinem Vater nach Amerika ausreisen und Stammvater des heute blühenden amerikanischen Zweiges der Familie von Graffenried werden.

Christoph war viele Jahre in seinen Ämtern tätig, doch müssen ihn auch seine finanziellen Verpflichtungen beschäftigt haben. Sie rührten vom grossen Aufwand für Bildungsreisen, Vermählung und auch von Spielschulden und Bürgschaften her. Doch gelang es ihm, die Situation im Gleichgewicht zu halten.

Amerika interessierte nicht nur aus dem Drang zum Abenteuer oder zum Edelmetall; Nordamerika war als Siedlungsgebiet ins europäische Blickfeld gerückt. Dazu kam, dass in jener Zeit durch den spanischen Erbfolgekrieg und die Ablehnung der Wiedertäufer wie auch durch den sehr harten Winter 1708/09 eine erhebliche Fluchtbewegung ausgelöst wurde, dies besonders in der Pfalz und in Schwaben, aber auch im bernischen Staatsgebiet. England nahm die Flüchtlinge mit der Absicht des Weiterreichens auf. Der Grosse Rat Berns beschloss seinerseits am 25. Februar 1710 Beiträge als «*Reissgelt*», um die Wiedertäufer loszuwerden. Christoph traf auf Franz Ludwig Michel, einen Berner, der Amerika, von wo er 1708 zurückgekehrt war, aus eigener Anschauung kannte. Am 18. März 1709 verliess er mit seinem gleichnamigen Sohn Bern in aller Stille und begab sich über Holland nach London, 100 Personen und 50 Wiedertäufer folgten ihnen. Dort fand er Michel, der in England schon seit einiger Zeit Vorbereitungen getroffen hatte, und begegnete John Lawson, dem Oberfeldmesser von North Carolina. Dieser hatte 1709, nach achtjährigem Amerikaaufenthalt, in London sein Buch «*A new voyage to Carolina*» publiziert.

Abb. 152: Gedenkstein mit Porträtbüste für *"Baron Christopher De Graffenried Founder of New Bern, North Carolina, September 11. 1710"*.

Unter der Widmung folgen zehn Titel, die der Geehrte trug, und die Würdigung: *"He established here the first organized and substantial colony in North Carolina."*

Amerika: Der Weg nach New Bern   1709–1711

In London war Christoph während Monaten mit Vorbereitungen für die Überfahrt nach Amerika und die Siedlungsgründung beschäftigt, begleitet von F. L. Michel und John Lawson. Am 28. April, 3. September 1709 sowie am 6. April 1710 fassten die Lord Proprietors, denen die

Königin Anne das Grundeigentum und Verwaltungsaufgaben in der Kolonie zugestanden hatte, Resolutionen für die Errichtung einer Siedlung in North Carolina. Die Übertragung von Grundeigentum wurde zugesichert, was in Bern als sehr positiv betrachtet wurde. Am 18. Mai 1710 schlossen Christoph, F. L. Michel, Georg Ritter und Peter Isod einen Handlungs- und Business-Contract, mit dem ihre Mitwirkung in der Georg Ritter u. Co. sowie ihre Tätigkeit umschrieben wird. Auch mit den Siedlern wurden eingehende Vereinbarungen getroffen. Am 6. April 1710 sagten die Lord Proprietors Christoph und F. L. Michel Rechte auf «royal mines and minerals» in Carolina zu.

Diese Grundlagen regelten die Übertragung von Landflächen, die Kaufsummen, die Überfahrt nach Amerika, die Rechte und Pflichten des Leiters und der Siedler und deren Steuerpflichten. Weiter umschrieb der Kontrakt die Tauglichkeit der Teilnehmer und des für die Überfahrt und Niederlassung benötigten Materials sowie die Lieferung von Vieh und Lebensmitteln an die Siedler. In Einzelheiten wurde ebenfalls das Ordnungs- und Gerichtswesen festgehalten. Als Kennzeichen wurden ein Wappen und die Bekleidung festgelegt. Christoph wurde als Landgraf mit behördlichen Kompetenzen ausgestattet, als zweite Person in der Kolonie neben dem Gouverneur.

Vorerst sollte die Siedlung in Virginia im Bereiche des Potomac oder gar in Pennsylvania errichtet werden, doch erhielt das Gebiet des zukünftigen New Bern den Vorzug. Königin Anne, Christoph und die Georg Ritter u. Co. stellten die Finanzen zur Verfügung.

In London wurden im Jahre 1709 650 Pfälzer ausgewählt und Material beschafft. Die Aufsicht über diese erste Gruppe wurde drei Personen aus Carolina übertragen, dem obersten Richter, dem Oberfeldmesser Lawson und dem Einzieher. Lawson verliess im Januar 1710 Gravesand südlich von London mit 650 Deutschen. In der ungünstigen Witterung des Winters waren die Pfälzer dreizehn Wochen unterwegs. Sie litten sehr unter Stürmen, ungewohnt salziger Nahrung, Krankheiten und französischen Piraten. Sie landeten in Virginia, wurden dort und später bei Oberst Pollock in Carolina unterstützt. Die ungefähr 300 überlebenden und geschwächten Auswanderer verrichteten zuerst in ungewohntem Klima die harte Arbeit des Bauens und Einrichtens von New Bern.

In Bern formierten sich inzwischen 100 Personen und 50 Wiedertäufer um F. L. Michel und P. Isod mit dem Sohn von Christoph. Sie fuhren am 18. März 1710 über Aare und Rhein nach Rotterdam. Christoph traf die Berner Gruppe in Newcastle upon Tyne, das sie am 24. Juli 1710 verliessen.

Nach achtwöchiger Seereise traf er mit der zweiten Gruppe wohlbehalten ein. Durch die katastrophale Situation der Pfälzer war das Siedlungsprojekt geschwächt. Zudem mangelte es an Geld. Die Planung der Stadt und deren Erbauung gelangen nur unter grosser Anstrengung,

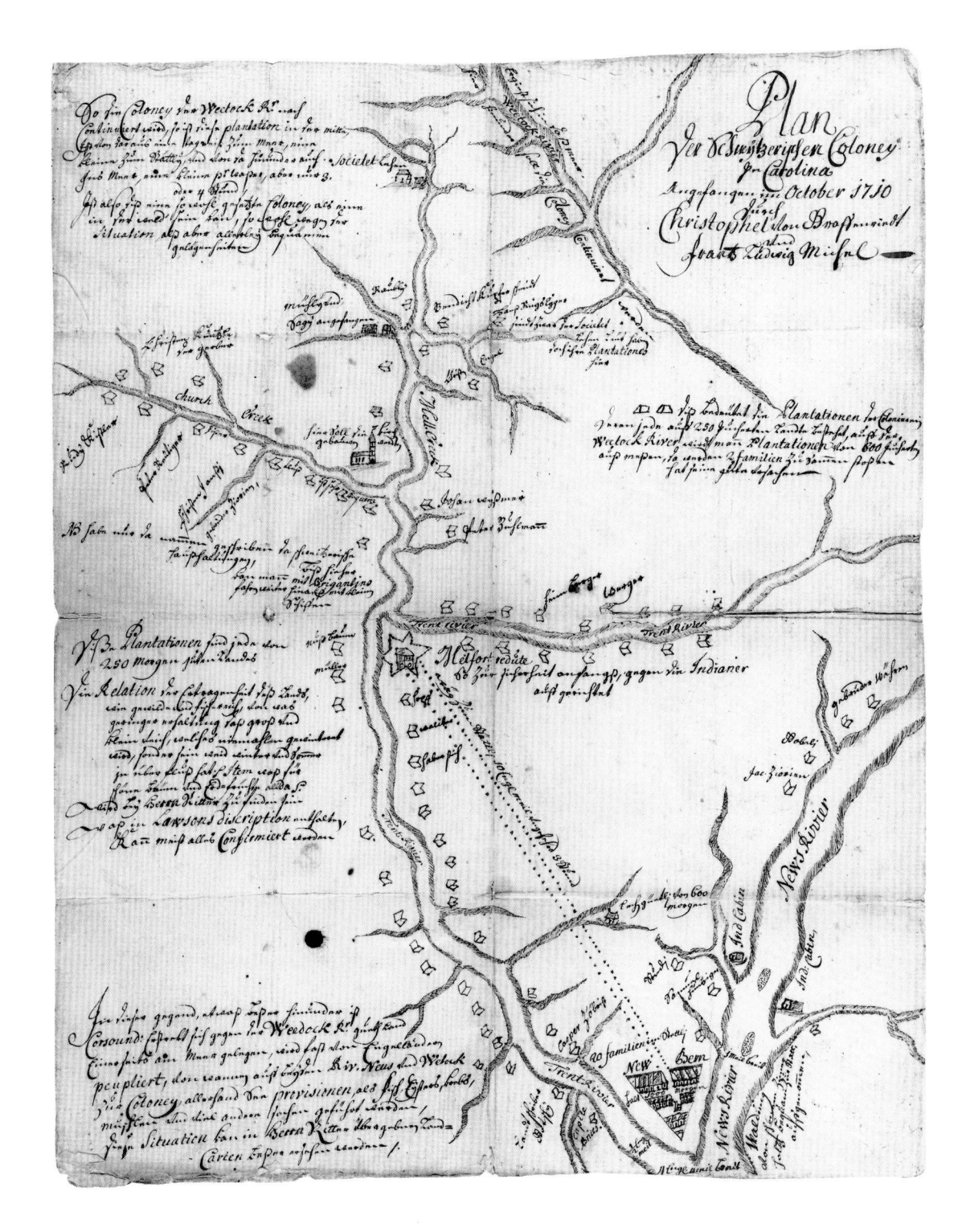

Abb. 153: Christoph von Graffenried (1661–1743), *«Plan der Schweytzerischen Coloney zu Carolina Angefangen im October 1710 durch Christophel von Graffenriedt und Frantz Ludwig Michel».*

In der Flussgabelung (unten) die Stadt New Bern auf dreieckigem Grundplan mit drei Häuserzeilen und einem Platz auf der Mittelachse. (Federzeichnung)

aber mit insgesamt positivem Ergebnis. Der Oktober 1710 kann als Anfang der Siedlung New Bern bezeichnet werden. Der freiheitliche englische Philosoph John Locke hatte für Carolina ein «system of government» geschaffen, das auch für New Bern Anwendung fand.

Lawson hatte vertraglich die Landspitze zwischen den Flüssen Neuse und Zent für die Siedlung zur Verfügung gestellt, ohne auf die Existenz des Indianerdorfes Chattooka zu verweisen (Abb. 153). Es ergaben sich schwerwiegende Spannungen, die Christoph mit Verhandlungsgeschick löste.

117

Die Kolonie nahm einen erfreulichen Aufschwung. Die wichtigsten Berufsgattungen waren vertreten. Im Jahre 1711 waren Grundstücke gefragt. Die Kolonie galt als etabliert, und Zuversicht herrschte. Aus dieser Zeit sind positive Briefe von Siedlern erhalten. Christophs Leistungen wurden anerkannt. Er konnte davon ausgehen, dass sein Werk gelungen war, obwohl Schulden bestanden und die Unterstützung aus der Heimat fehlte.

Abb. 154: Christoph von Graffenried (1661–1743), Erinnerungsbild von der Gefangenschaft Christophs und seines Begleiters John Lawson bei den Tuscaroraindianern. (Illustration aus den «*Relations du voyage d'Amérique*», lavierte Federzeichnung)

Amerika: Das Drama   1711

Ganz andere als finanzielle Gründe sollten zum teilweisen Untergang der Kolonie führen. Obschon Christoph mit den Indianern eine Einigung über die Siedlungsflächen herbeigeführt hatte, empfanden diese die Einwanderer als lästig. Dies umso mehr, als die in Carolina lebenden Engländer, so wahrscheinlich auch Lawson, gegenüber den Indianern ein hartes Auftreten an den Tag legten. Seine Tätigkeit als Oberfeldmesser sicherte das Eigentum, und dessen genaue Darstellung ermöglichte die Kreditaufnahme. Als Lawson mit Christoph, zwei Indianern als Führern und zwei Sklaven längs der Neuse eine Exkursion unternahm, wurden sie von den Tuscaroraindianern gefangen genommen, in einer förmlichen Verhandlung allerdings freigesprochen. Doch geriet am folgenden Tage Lawson mit einem Häuptling in Streit, was den

Kriegsrat der Indianer veranlasste, Lawson und Christoph zum Tode zu verurteilen. Die Todesstrafe wurde an Lawson auf grausamste Weise vollzogen. Die Fürsprache von Indianern bewahrte Christoph das Leben, doch blieb er mehrere Wochen gefangen. Christoph erstellte später eine Skizze von diesen Vorgängen (Abb. 154). Am 22. September 1711, in seiner Abwesenheit, überfielen die Tuscaroras New Bern, metzelten den grösseren Teil der Einwohner nieder, zerstörten Gebäude und Anlagen, töteten Vieh und entwendeten Vorräte. Christoph wurde nach dem Überfall zu Fuss zurückgeschickt und langte im schwer beschädigten New Bern abgemagert und beinahe unkenntlich an. Es gelang ihm, den Rückzug der Indianer zu erwirken. Erst am 23. März 1713 sollte es den gesammelten Kräften Carolinas gelingen, die Indianer so zu schlagen, dass sie keine Gefahr mehr darstellten. F. L. Michel wirkte mit 50 Überlebenden von New Bern mit. Einige kehrten dorthin zurück und sicherten so das Überleben der Siedlung.

Amerika: Der Weg zurück 1711–1743

Da New Bern und Christoph durch die Ereignisse sehr geschwächt waren und Versuche zur Wiederaufrichtung scheiterten, verzichtete der Berner auf einen Neubeginn und begab sich mit zwei Pferden und zwei Sklaven nach Virginia, wo er im September 1712 bei befreundeten Engländern einige Unterstützung fand. Er trat an Ostern 1713 die Überfahrt nach Bristol an, obwohl Schuldnern kein Schiffsplatz zustand. Dort waren seine Bemühungen erfolglos, vor allem weil Königin Anne und der Duke of Beaufort in kurzer Folge verstarben. Auch in seiner Heimat Bern konnte er nach seiner Ankunft am 2. Dezember 1713 nichts erreichen. Niemand trat ernsthaft für ihn ein. Seine finanziellen Mittel waren erschöpft, seine Schulden jedoch gemäss Ratsmanual der Stadt Bern vom 15. August 1709 einigermassen geregelt und der Austritt aus dem Rat der 200 am 17. April 1710 beschlossen. Er wurde als Unglücksmensch gemieden. In französischer und deutscher Sprache schrieb er Berichte über sein Leben und die drei in Amerika verbrachten Jahre. Für seinen Vater Anton übernahm er noch zu dessen Lebenszeit die Verwaltung der Herrschaft Worb, nach dessen Tode im Jahre 1730 aus eigenem Recht (Abb. 23, S. 26). Christoph lebte nach seiner Rückkehr von Amerika noch 38 Jahre in einem von Spannungen durchzogenen Frieden mit seiner Frau und seinem Vater, den er in einem erhaltenen Brief um Wohlwollen bat. Er hielt sich in Worb und Bern, aber auch in Sales bei Montreux und im Hause Pièce bei Rolle auf.

New Bern bis heute

Als Christoph von Graffenried New Bern gründete, war Carolina noch unerschlossen und kaum besiedelt. Im Westen war es nicht deutlich abgegrenzt, im Süden lag Florida, das sich in spanischer Hand befand. Carolina war dreimal so gross wie die heutige Schweiz und verfügte über ungefähr 3000 Einwohner. Nach dem Überfall der Tuscaroraindianer vom 22. Dezember 1711 mangelte es in New Bern an allem. Die Zahl der Siedler war auf einige wenige zusammengeschrumpft. Der von den Indianern ausgehende Druck hielt bis zu deren Niederlage im Jahr 1713 an. Noch 1775 zählte New Bern ungefähr 1000 Einwohner. Im Jahre 1774 fand in New Bern die erste Versammlung einer Provinz Amerikas statt, die gegen die englische Herrschaft protestierte. Es dauerte bis zum Jahre 1830, bis 3796 Personen die Stadt bewohnten, davon 1766 Sklaven und 367 freie Schwarze. Die Einwohner waren mit Holz-, Terpentin- und Teerherstellung, Baumwollspinnerei sowie im Transport- und Hafengeschäft tätig. Schifffahrt und Handeln mit den West Indies und New England standen im Vordergrund. Die geografisch günstige Lage an der Küste brachte wesentliche Vorteile. Ab 1765 war New Bern für mehr als 20 Jahre Hauptstadt von North Carolina. Der stete Aufstieg wurde unterbrochen durch den Bürgerkrieg 1861–1865. Erst um 1870 begann ein neues Wachstum. 1877 endete die «period of reconstruction». Die Bevölkerung stieg von 5432 im Jahre 1850 auf 9090 im Jahre 1900, um sich heute auf 22 000 im engeren Bereich und 87 174 im Bezirk Craven County zu belaufen.

Die Familie deGraffenried in Amerika

Christoph hielt sich um die drei Jahre in Amerika auf. Sein mit ihm ausgewanderter Sohn gleichen Namens blieb dort und heiratete eine Amerikanerin. Ihr einziger Sohn wurde auf den Namen Tscharner getauft nach dem amerikanischen Brauch, den Familiennamen der Grossmutter als Vornamen zu verwenden. Insgesamt hatte er sechzehn Kinder mit vier Frauen.

Der erste Christoph war Eigentümer von 5000 Acres westlich von New Bern. Sein Sohn Christoph starb als Eigentümer eines Gutes am James River, in der Prince Edward County, in Virgina. Er verfügte noch 1736 über ein Stadthaus in Williamsburg, Virginia, das er 1717–1719 erstellen liess. In der von der Rockefeller-Stiftung wiedererrichteten Stadt ist das Nachfolgehaus sichtbar, genannt Pitt Dixon House. Tscharner, der Sohn des zweiten Christoph, war Eigentümer eines Gutes in der Lunenburg-County. Seinem Sohn wurden 400 Acres für seine Verdienste im Befreiungskrieg gegen England zugewiesen. Der älteste Tscharner hinterliess ein detailliertes Testament, dessen Übersetzung im Familienarchiv in Bern vorliegt.

Abb. 155: Fahne mit dem Wappen des Stadtgründers, das ihm 1709 in England als Landgraf von Carolina und Baron von Bernbury verliehen wurde. Geschenk an die Behörden von New Bern von der Familie von Graffenried als Zeichen der Verbundenheit.

Mit den Kindern des ersten Tscharner verbreitete sich die Familie über den Süden der späteren Vereinigten Staaten nach Alabama, South Carolina, Kentucky, Tennessee, Louisiana, Virginia, Missouri, Georgia und schliesslich Texas, seit dessen Unabhängigkeit von Mexiko im Jahre 1836. Es wird angenommen, dass heute ungefähr 800 Nachkommen von Christoph in den USA leben. Weitere Personen haben nach amerikanischem Recht auf einfache Weise den Namen ohne Verwandtschaft angenommen. Die Namensführung ist oft verändert, u.a., um phonetisch einen richtigen Klang zu erhalten: z.B. -reid anstelle von -ried (Abb. 158). Auch wird für von «de» verwendet, zum Teil in einem Wort oder in zwei. Der erste Tscharner verfügte in seinem Testament über die ihm gehörenden Sklaven. Diese trugen nur Vor-, nicht aber Familiennamen. Bei Inkrafttreten des Emancipation Act vom 1. Januar 1863 entstand die offenbar mehrere tausend Personen umfassende Gruppe der schwarzen Namensträger, da sie den Familiennamen des Grundeigentümers übernahmen. Es kam auch zu Verstümmelungen des Namens. Die Nachkommen von Christoph sind heute weit über die USA verteilt und üben verschiedenste Tätigkeiten aus.

Abb. 156: Hauptstrasse von New Bern. Im grossen Gebäude links soll ein Apotheker das Rezept von Pepsi Cola® entwickelt haben.

Abb. 157: Club-Haus eines Golf-Clubs nahe New Bern, architektonisch dem Neuschloss Worb nachempfunden.

Abb. 158: Firmentafel eines Liegenschaftsvermittlers in New Bern.

Abb. 159: Shopping Mall an der DeGraffenreid Ave., New Bern.

Abb. 160: Autobahnschild am US Highway 70.

Abb. 157–165: DeGraffenried und New Bern – zwei Begriffe, welche die Schweiz und Amerika auf besondere Weise verbinden.

Abb. 161: DeGraffenried Park – Villenquartier in New Bern.

Abb. 162: Strassenschild in New Bern.

Abb. 163: Souvenirladen der Ehegatten Sturman im Stadtzentrum von New Bern. Verkauf von bernischen Souvenirs aus der Alten und Neuen Welt. Frau Sturman stammt ursprünglich aus Thun.

Abb. 164: Autobahnschild New Bern «nächste Ausfahrt».

Abb. 165: Der Berner Bär ist überall in New Bern anzutreffen.

Abb. 166: Emanuel Handmann (1718–1781), Porträt Karl Emanuel von Graffenried (1732–1780) 1756, Jahr der Heirat mit Katharina Kirchberger (Abb. 167), Bildnispaar.

Dreiviertelporträt mit Jagdhund und Jagdhörnern, im Hintergrund die beiden Schlösser von Worb. Der Herrschaftsherr in spe (Einsetzung 1758) posiert mit gepuderter Perücke, in seidengefüttertem, dunklem Rock und roter Schärpe mit Goldborte. Der Rock ist aus einfarbigem dunklem Tuch, einfach geschnitten, nur von einem bestickten, geschlungenen Gürtel zusammengehalten. Er ist vielleicht von der damals hochaktuellen englischen Mode inspiriert, die sich unter dem Einfluss der Aufklärung einfach gab. (Öl auf Leinwand, 113 x 87,5 cm)

Andrea Schüpbach

Karl Emanuel von Graffenried (1732–1780), Botaniker und Humanist

Karl Emanuel wurde 1732 als Sohn von Franz Ludwig (1703–1754) und Susanna Elisabeth von Graffenried (1711–1791) geboren (Abb. 166). Sein Grossvater war Christoph, der Amerikafahrer, dem er eine Grabplatte im Kirchenchor zu Worb machen liess (S. 114–123 und Abb. 24, S. 27). 1756 heiratete Karl Emanuel Katharina Kirchberger (Abb. 167), die jung verstarb und ihm zwei Töchter hinterliess. Die zweite Ehe mit Anna Maria Otth währte fünf Jahre und wurde 1767 geschieden. Aus dieser Ehe ging der Sohn Emanuel hervor. Zum dritten Mal vermählte sich Karl Emanuel 1768 mit Katharina von Graffenried, mit der er drei Töchter hatte.

Abb. 167: Emanuel Handmann (1718–1781), Porträt Katharina von Graffenried, geb. Kirchberger (1738–1760), 1756, Bildnispaar (Abb. 166).

Dreiviertelporträt vor Gartenstaffage. Katharina posiert im weit ausgeschnittenen blauen Seidenrock mit Goldborte und roter Schärpe, getragen über einem durchsichtigen weissen Unterkleid. Der einfache hemdartige Kleiderschnitt, mit Verzicht auf den Reifrock, könnte, wie der Rock ihres Mannes, von der einfachen englischen Mode inspiriert sein. Sie hat hochgestecktes, gepudertes Haar, das mit Band und Blüte verziert ist. Sie zeigt mit der rechten Hand eine gelbe Schwertlilienblüte von den Wasserlilienstauden des Hintergrundes und hat weitere Blumen im Schoss. Mit dem linken Arm stützt sie sich auf einen Krug, aus dem Wasser fliesst. (Öl auf Leinwand, 112,8 x 87,7 cm)

Nach dem Tod des Vaters führten Karl Emanuel und sein Halbbruder Franz Ludwig die Verwaltung der Herrschaft Worb gemeinsam weiter. Franz Ludwig litt an Epilepsie. Noch vor seinem frühen Tod 1759 überschrieb er Karl Emanuel seinen Teil der Herrschaft. Karl Emanuel schlug vorerst eine militärische Karriere ein. Als Offizier stand er in holländischen und französischen Diensten, bis er 1764 in den Grossen Rat gewählt wurde. Im selben Jahr erhielt er die Landvogtei Nidau.

1760 trat er der Oekonomischen Gesellschaft Bern bei. Diese Sozietät strebte landwirtschaftliche Reformen an. In ihren Abhandlungen wurden Berichte über die Möglichkeit der Ertragssteigerung, z.B. durch die Kultivierung neuer Pflanzen, den Einsatz von Maschinen oder Dünger, publiziert. Karl Emanuel verfasste Schriften über die Experimente, die er auf dem herrschaftlichen Gut in Worb durchführte (S. 87–90). Die fremdländischen Pflanzen, so Karl Emanuel, erfüllten nicht nur den Zweck, Nahrung oder Holz zu spenden, sie dienten ebenso zur Verschönerung der Landsitze. Sein Gönner, der königlich-preussische Staatsminister, versah ihn mit frischen Pflanzensamen. Seit 1760 war er Mitglied der Botanischen Sozietät in Florenz (Abb. 106, S. 88), 1761 wurde er Ehrenmitglied der Königlich-preussischen Akademie der Wissenschaften in Berlin.

Mit dem Ortswechsel in die Landvogtei wurde Karl Emanuel das Präsidium der Oekonomischen Gesellschaft Nidau übertragen. Viel Zeit konnte er der Botanik nicht mehr widmen. Eine neue Aufgabe erwartete ihn. Im September 1765 erreichte der Philosoph Jean-Jacques Rousseau auf seiner Flucht aus Môtier die Sankt Petersinsel im Herrschaftsgebiet des Landvogts von Nidau. Karl Emanuel war ein Bewunderer Rousseaus. Als von Bern der Befehl erging, dieser müsse den Staat umgehend verlassen, setzte sich von Graffenried mit einem Schreiben an den Rat in Bern für den kranken Philosophen ein. Doch sein Gesuch wurde abgelehnt, und Rousseau musste ausreisen.

1770 kehrte Karl Emanuel nach Worb zurück. Er starb im Jahr 1780 und wurde im Chor der Kirche Worb begraben.

Johanna Strübin Rindisbacher

Philipp Georg Friedrich von Goumoëns (1819–1879), Gemeindepräsident und Grossrat

Philipp Georg Friedrich von Goumoëns (Abb. 168) war der Sohn des Friedrich Viktor von Goumëns (1792–1843), des Oberamtmanns von Aarwangen, und der Amalia Elisabeth von Sinner (1794–1872). Er heiratete 1847 Marie Bertha von Effinger (1827–1907) (Abb. 169). Sie hatten einen einzigen Sohn, Eduard, geb. 1848 (Abb. 42, S. 43).

Die Familie wohnte bis 1856 im Sommer im Alten Schloss Worb und im Winter in einer Wohnung an der Kramgasse 72 in Bern, später das ganze Jahr in Worb.

Philipp Georg Friedrich besuchte nach der Kantonsschule die Internatsschule Zehender in Gottstadt und ging dann nach Stuttgart ins Kadettenhaus, wo er sich zum Württembergischen Infanterie-Leutnant ausbilden liess. Mit einem Freund unternahm er eine mehrwöchige Bildungsreise nach Italien. Statt in die landwirtschaftliche Hochschule Hohenheim einzutreten, musste er nach dem Tod seines Vaters im Jahre 1843 nach Worb zurückkehren und seiner Mutter bei der Gutsverwaltung helfen.

Abb. 168: Philipp Georg Friedrich von Goumoëns (1819–1879), ganzfiguriges Fotoporträt vor historischer Staffage, wohl um 1855.
Er liess sich in einem Buch lesend abbilden, in knielangem Frack, gemusterter Weste mit Uhrkette, weissem Hemd mit Stehkragen und Seidenhalsbinde.

Abb. 169: Marie Bertha von Goumoëns-von Effinger (1827–1907), ganzfiguriges Fotoporträt vor historischer Staffage, wohl um 1855.
Sie posiert sitzend, mit Handarbeit, das Haar mit Bändern zurückfrisiert, in Seidenkleid mit Spitzenkragen und Brosche, weitem Rock und weiten Ärmeln.

Er investierte viel Geld in die Erneuerung der Schlossmühle und übernahm sie 1856 von seiner Mutter für Fr. 6000.– in Pacht. Das war nicht so geplant. Aber die modernisierte Mühle wurde von den Mühlebesitzern in Burgdorf, Bern und Thun boykottiert, so dass sich kein Pächter anstellen liess. Deshalb übernahm von Goumoëns den Betrieb selber und arbeitete 1856 bis 1867 mit einem kundigen Werkführer zusammen. Nach der Auflösung dieses Arbeitsverhältnisses liess sich trotz mehreren Versuchen kein anderer geeigneter Fachmann finden, weshalb die Mühle 1878 wieder zur Pacht vergeben wurde. Sie trug nicht genug ein, und die Pächter hatten Mühe, den Pachtzins zu bezahlen.

Philipp Georg Friedrich war Hauptmann bei der bernischen Miliz und engagierte sich mit Geschick in der Gemeindepolitik. Dabei erwarb er sich grosses Ansehen und wurde nach wenigen Jahren zum Gemeindepräsidenten von Worb gewählt. Er war langjähriges Mitglied der kantonalen Kirchensynode und wurde 1862, 1866 und 1870 vom Wahlkreis Biglen in den Grossen Rat des Kantons Bern abgeordnet. Er engagierte sich in verschiedenen gemeinnützigen Werken, als Präsident der Baukommission zum Schulhausbau, als Mitglied der Leitung der Amtsersparniskasse Konolfingen und in der Aufsicht der Amtserziehungsanstalt Enggistein.

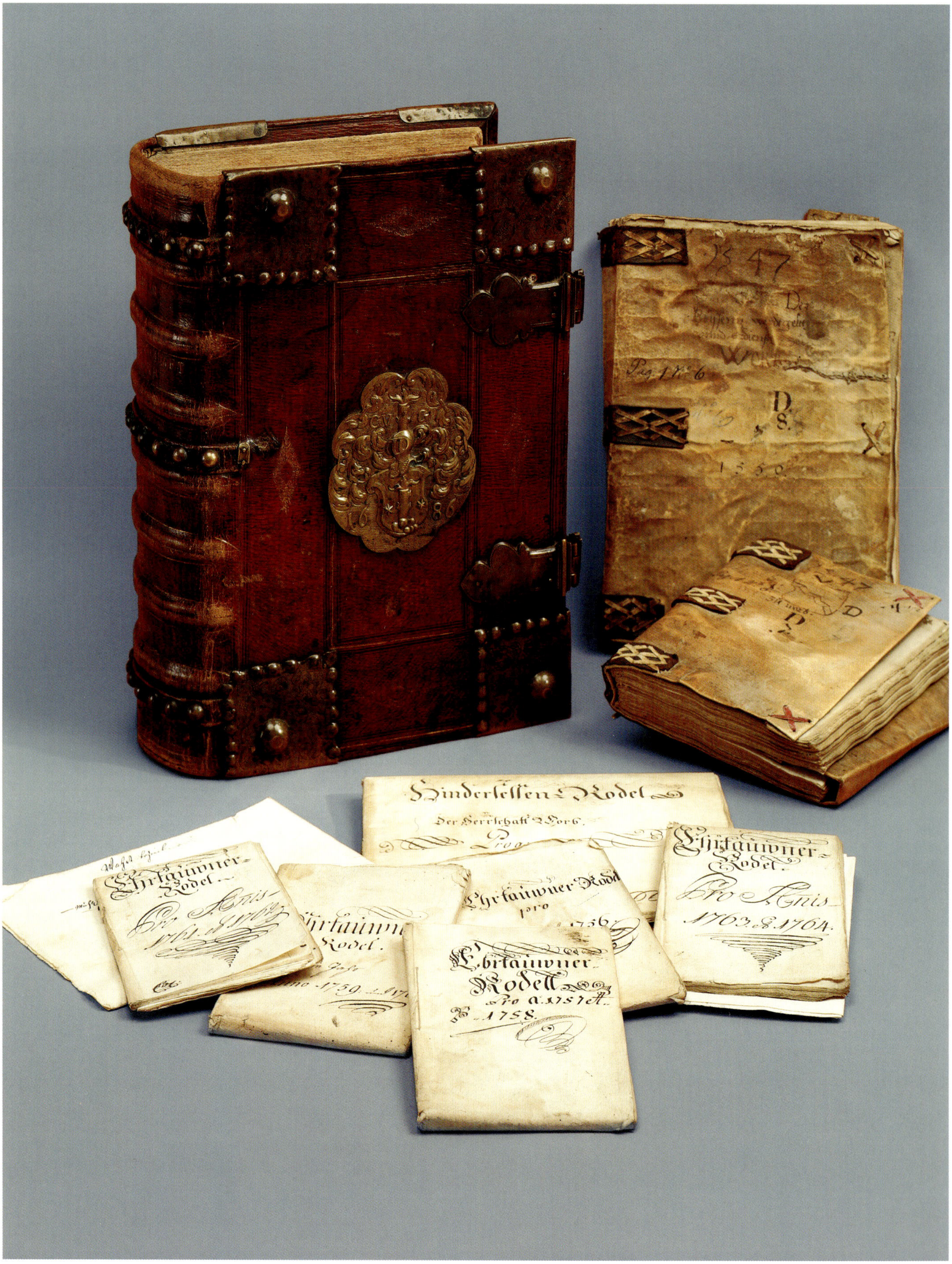

ANHANG

<
Abb. 170: Aus dem Herrschaftsarchiv von Worb: Urbar des Christoph von Graffenried, 1684/86; Zins- und Bussenbücher, um 1550; Ehrtagwan-Rödel und Hintersässen-Rodel, Mitte 18. Jahrhundert.

Aus der Zeit der ehemaligen Herrschaft Worb sind zahlreiche Dokumente zu Rechtsgeschäften, Besitzesverhältnissen und zur allgemeinen Verwaltung erhalten. Besonders repräsentativ ist das in dunkelrotes Maroquinleder gebundene und wappengeschmückte Urbar des Christoph von Graffenried (1603–1687).

Zeittafel der Bau- und Umbaugeschichte des Neuschlosses und des Gartens

Zeit	Architektur	Garten
1734–1737	Schlossneubau des Franz Ludwig von Graffenried, dazu kleiner Wirtschaftsbau (Ofen-, Holz-, Hühnerhaus) am westlichen Gartenrand	Formaler Garten mit Alleen und Wasserbecken entlang der Vorfahrt, gestuftem Südgarten mit Parterres und Bassin, Boskets und Pflanzgarten
um 1800–1830		Ausebnung des Südgartens, Pflanzung von besonderen Einzelbäumen wie Trauerweide und (wohl fremdländischem) Nadelbaum am Bassin
nach 1831	Ersatz der Annexbauten: Laubenbau an der Ostseite	Alleen und Wasserbecken entlang der Vorfahrt verschwinden.
bis um 1880		Nord- und Südgarten werden zu einem Landschaftspark mit Rundweg, der an Einzelbäumen, Gehölzgruppen und Blumenbeeten vorbeiführt.
1898	Schlossumbau des Eduard von Goumoëns: neue Südzimmer über dem Salon, Erhöhung des Mittelrisalits an der Südfassade, Terrasse über dem Laubenbau an der Ostseite, Blechvordach über dem Portal an der Nordfassade	
1898–1900	Abbruch des Ofen-, Holz- und Hühnerhauses am Westrand des Neuschlossgartens und Bau der Dependenzgebäude an der Farbstrasse	Geometrisch angelegter Pflanzgarten mit Treibhäusern bei den Dependenzgebäuden, Thujahecken mit Zinnenschnitt und Brunnen im Vorhof, einzelne in Form geschnittene immergrüne Bäume im Südgarten
1912/13	Schlossumbau des Walter von Herrenschwand: neubarocke Seitenflügel und Portalvorbau, Bäder und Zentralheizung	Üppige Bepflanzung der Terrasse und des Südgartens, u. a. mit Kübelpflanzen
1915/16	Reiche neubarocke Ausstattung in den Südzimmern	
um 1930–1985		Die üppige Gartenausstattung verschwindet allmählich, Bäume wachsen am Gartenrand.
1985–1989	Gesamterneuerung durch Charles von Graffenried	Rekonstruktion des formalen Südgartens nach dem ursprünglichen Gartenplan mit unterschiedlichen Geländeebenen und Böschungen, Bassin und Kiesbelag, mit Rasenpartien, geschnittenen Buchsbäumchen, Hecken und Boskets
1989/90	Unterirdischer Bau im Norden des Schlosses	Neugestaltung des Nordhofes mit Pflästerung, Thujahecken, Brunnen und Toren
1990–1992	Renovation und Ausbau des spätbarocken Schlossgebäudes mit denkmalpflegerischer Beratung	Aufstellung der spätbarocken Statuen(-kopien) im Nordhof
1994–1996	Ausbau der unterirdischen Räume im Norden zu Kongress- und Bankettsälen mit Nebenräumen	
1999		Rekonstruktion der Terrassenmauer

Verzeichnis der Fachwörter

Allmende kollektiv genutzte Wald-, Weide- und Ödlandflächen

Arkadien Schauplatz glückseligen Landlebens, nach der altgriechischen Landschaft Arkadien genannt

Barock Bau-, Malerei- und Skulpturstil der Zeit zwischen etwa 1600 und 1780. Der Barock löste im Rom der Päpste die Spätrenaissance ab und dehnte sich über die Königs- und Fürstenhöfe und im Gefolge der Gegenreformation auch im übrigen Europa und in Südamerika aus. Im deutschen Sprachgebiet konnte er sich erst nach dem 30-jährigen Krieg (1618–1648) festsetzen. Der Barock schuf raumgreifende Architektur- und Gartenanlagen, grossartig inszenierte Innenräume mit sinnenfreudiger, kräftiger Bauplastik bzw. Stuckatur. Wesentliche Gestaltungsgrundsätze sind hierarchische Ordnung und dynamische Komposition. Der Spätbarock umfasst in unseren Gebieten grob die Zeit zwischen 1720 und 1780 und brachte eine Verfeinerung des Hochbarock.

Bergfried der grosse Wehr- und Rückzugsturm der mittelalterlichen Burg

Biedermeier bürgerlicher Architektur- und Möbelstil der ersten Hälfte des 19. Jahrhunderts, geprägt von vornehmer Bescheidenheit

Binder Tragkonstruktion des liegenden Dachstuhles, trapezförmige Balkenverbindung

Ehafte Gewerbe konzessionspflichtige Gewerbe wie Schmieden, Mühlen, Tavernen, die der Grundherr bzw. später der Landesherr im Mittelalter und in der frühen Neuzeit errichten durfte und die er an Berufsleute verlieh. Der Grundherr konnte ihre Nutzung vorschreiben und Konkurrenz verbieten. Die Ehaften hatten Anrecht auf Produktionsmittel und Rohstoffe. Die Inhaber der Ehaften waren dazu verpflichtet, ausreichend Waren/Dienste zu fixen Preisen und guter Qualität anzubieten.

Ehrschatz eine Handänderungsgebühr, die vom Lehensmann im Mittelalter und in der frühen Neuzeit zu zahlen war für die Einwilligung des Lehensherrn, ein Lehegut einem neuen Besitzer übertragen zu dürfen

Ehrtagwan die Pflicht, während einer gewissen Anzahl Tage pro Jahr Heu-, Ernte- und Pflügarbeiten gegen einen geringen Lohn für die Herrschaft zu leisten. Seit dem Spätmittelalter wurden diese Dienste vermehrt in eine Geldabgabe umgewandelt.

Empire repräsentativer Architektur- und Möbelstil der ersten Hälfte des 19. Jahrhunderts, entstanden im Paris Napoleons, dann in den europäischen Residenz- und Hauptstädten. Der Empirestil ist im Gegensatz zum Biedermeier in Staatsgemächern angewendet worden, mit Vergoldungen, Prunk und Pathos ausgestattet.

Enfilade Verbindung von mehreren Räumen durch eine Reihe von Türen, die in einer geraden Achse angeordnet sind, meist entlang einer Aussenfassade; gebräuchlich in der Barockarchitektur

Fase einfaches Balkenornament, das aus einer abgehobenen Kante besteht. Die Fase läuft in der Regel ein Stück vor dem sichtbaren Balkenende aus, was als Anlauf bezeichnet wird.

Historismus, historistisch Baustil des 19. oder frühen 20. Jahrhunderts, der sich auf einen historischen Baustil stützt, z. B. Neugotik, Neubarock

kanneliert mit Längsrillen versehen

Klassizismus, klassizistisch Architektur-, Möbel- und Skulpturstil, der auf die klassischen Formen der griechischen und römischen Antike zurückgeht

Kranzgesims Abschlussgesims der Fassade unter dem Dach, meist schwerer und reicher profiliert als die Geschossgesimse

Kirchensatz Rechte und Pflichten, die der Gründer einer Kirche seiner Stiftung gegenüber hat, u. a. Vorschlagsrecht bei der Wahl des Geistlichen; Pflicht, den Geistlichen zu entlöhnen und die Kirche zu unterhalten

Lisene senkrechtes Gliederungselement einer Fassade oder eines Interieurs, als flache Vorlage auf die Wand gelegt, mit Fuss- und Kopfgesims, manchmal mit Fugen gebändert

Neubarock, neubarock siehe Historismus, historistisch

Palas das ritterliche Wohnhaus des mittelalterlichen Schlosses

Pecherker Erker an mittelalterlichen Wehrbauten, mit Schüttloch im Boden, um Angreifer mit heissem Pech zu begiessen. In der herrschaftlichen Architektur an der Wende zur Neuzeit wurden die Erker um ihrer pittoresken Form und ihrer ritterlichen Herkunft willen eingesetzt.

Pilaster vertikales Gliederungselement in der Form einer Säule mit Basis und Kapitell, die zur flachen Wandvorlage geschrumpft ist

Régence französischer Architektur- und Möbelstil (um 1710–1735), entstanden zur Zeit der Regentschaft zwischen Louis XIV und Louis XV, leichter und eleganter als der Barock des Sonnenkönigs, charakteristisch sind eine geschwungene Silhouette und Muschel- und Blattornamente

Risalit aus der Fassadenebene vorspringende flache Fassadenpartie

Rocaille charakteristische spätbarocke Zierform des Louis-XV-Stiles, oft asymmetrische Muschelornamente

Schalenbrunnen Brunnen mit schalenförmigem Becken

Spätbarock, spätbarock siehe Barock, barock

Stichbogen gebogener Fenster- oder Türsturz in der Form eines Kreissegments

Tonnengewölbe Gewölbe mit Bogenquerschnitt, wird aus gehauenen Keilsteinen oder aus Backsteinen und Mörtel auf einem Lehrgerüst aufgebaut

Voluten Zierelement in der Form eines S, vor allem in der Architektur und Bauplastik der Renaissance und des Barock häufig

Zehnt seit dem Mittelalter ca. $1/10$ des Ertrags aus landwirtschaftlicher Produktion, der gewöhnlich an die Kirche abgegeben werden musste. Es gab aber auch weltliche Zehntherren. Diese hatten aufgrund des Besitzes einer Eigenkirche oder durch Belehnung Anspruch auf den weltlichen, den so genannten Laienzehnt. Der Zehnt wurde vor allem auf Getreide, aber auch auf Obst, Gemüse, Gespinstpflanzen, Heu und Jungtieren erhoben. Der Zehnt wurde zum Teil erst im 19. Jahrhundert abgelöst.

Literatur und Quellen (Auswahl)

Literatur, Nachschlagewerke, gedruckte Quellen

Aebi, Ernst, Die Grabplatten bei der Kirche Worb, Worb 1991.
Aebi, Ernst, 100 Jahre Bernische Haushaltungsschule Worb, 1886–1986, Worb 1986.
Architektenlexikon der Schweiz, 19./20. Jahrhundert, hg. v. Isabelle Rucki und Dorothee Huber, Basel, Boston, Berlin 1998.

Baeschlin, Conrad, Die Blütezeit der ökonomischen Gesellschaft in Bern 1759–1766, Laupen 1917.
Bernische Haushaltungsschule Worb: Jahresberichte 1887–1890 (Schweizerische Landesbibliothek).
Bernische Haushaltungsschule Worb, Prospect über die neugegründete permanente Bernische Haushaltungsschule in Worb, Worb 189? (Schweizerische Landesbibliothek).
Brodbeck, Thomas/Eberhard, Iris/Gfeller, Maria/Stalder, Birgit/Wernly, Simon, Die Gerichtsorganisation im 18. und 19. Jahrhundert, in: Schmidt, Heinrich Richard (Hg.), Geschichte der Gemeinde Worb (in Vorbereitung).

Caviezel, Zita, Bauinventar der Gemeinde Worb, Bern, Kant. Denkmalpflege 2003, 2 Bde.

Dézallier d'Argenville, Antoine-Joseph, La théorie et la pratique du jardinage et un traité d'hydraulique, Paris 1709, Reprint der Ausgabe von 1747, Genf 1972.

Fischer, Hermann von, Fonck à Berne, Möbel und Ausstattungen der Kunsthandwerkerfamilie Funk im 18. Jahrhundert in Bern, Bern 2001.
Freivogel, Thomas, Emanuel Handmann, 1718–1781, Ein Basler Porträtist im Bern des ausgehenden Rokoko, Murten 2002.
Frey, Walter/Stämpfli, Marc, Agrargesellschaften an der Schwelle zur Moderne. Die «Grosse Transformation» in Büren und Konolfingen zwischen 1760 und 1880, in: Tanner, Albert/Head-König, Anne-Lise (Hg.), Die Bauern in der Geschichte der Schweiz – Les paysans dans l'histoire de la Suisse, Schweizerische Gesellschaft für Wirtschafts- und Sozialgeschichte, 10, Zürich 1992, S. 187–205.

Germann, Georg/Lörtscher, Thomas (Hg.), «währschafft, nuzlich und schön», Bernische Architekturzeichnungen des 18. Jahrhunderts (Katalog zur Ausstellung im Bernischen Historischen Museum), Bern 1994.
Goumoëns, Friedrich von, von Worb (Nekrolog), in: Der Säemann, Beilage zum Berner Boten Nr. 54, 1879.
Graffenried, Karl Emanuel von, Verzeichniss verschiedener Pflanzen und Ba(e)ume, die vor etwelchen jahren zu Worb gepflanzt worden, und die ka(e)lte unsers klima unbedekt ausgehalten haben, in: Abhandlungen und Beobachtungen durch die o(e)konomische Gesellschaft zu Bern gesammelt IX, 1764, Stück I, Nr. VI, S. 147–165 (Burgerbibliothek Bern).
Graffenried, Karl Emanuel von, Des Verzeichnisses fremder Pflanzen so in der Schweiz wachsen ko(e)nnten, dritte Fortsetzung, in: Abhandlungen und Beobachtungen durch die o(e)konomische Gesellschaft zu Bern gesammelt X, 1764, Stück III, Nr. III, S. 135–165 (Burgerbibliothek Bern).
Graffenried, Thomas P. de, History of the de Graffenried Family from 1191 A.D. to 1925, Binghampton, New York 1925, S. 56–151.
Gruner, Johann Rudolf, Chronicon, das ist Historische und gantz unparteyische kurtze Beschreibung der Denk- und Merkwürdigen Begebenheiten, die sich in der Stadt Bern selbst und den Landen, Städten und Gebieten zugetragen haben von 1701 an, in: Blätter für bernische Geschichte, Kunst und Altertumskunde 1913, S. 101–121, 179–193, 229–275, bes. S. 188, 189.

Heyer, Hans-Rudolf, Historische Gärten der Schweiz, Bern 1980.
Hofer, Paul, Fundplätze Bauplätze. Aufsätze zur Archäologie, Architektur und Städtebau, Basel, Stuttgart 1970.
Hofer, Paul, Spätbarock in Bern, Studien zur Architektursprache des 18. Jahrhunderts, Basel 1992.
Holmsten, Georg, Jean-Jacques Rousseau, Reinbek bei Hamburg 1972.

Jeannel, Bernard, André Le Nôtre, aus dem Französischen von Regula Wyss, Basel, Boston, Berlin 1988.

Kehrli, Manuel, Chronos und weinender Putto, Bernische Grabdenkmäler des 17. und 18. Jahrhunderts, in: Kunst+Architektur in der Schweiz, hg. v. Gesellschaft für Schweizerische Kunstgeschichte, 1, 2003, S. 37–43.
Keller, Hans-Gustav, Christoph von Graffenried und die Gründung von New Bern in Nord-Carolina, Festgabe, Archiv des Historischen Vereins des Kantons Bern, XLII Band, 1. Heft, Bern 1953.
Kiesel, Helmut (Hg.), Briefe der Liselotte von der Pfalz, Frankfurt a. M. 1981.

Langhard, J., Die Bernische Haushaltungsschule, in: Vom Fels zum Meer, 15. Heft, 14. Jahrgang, hg. v. Union Deutsche Verlagsgesellschaft, Stuttgart, Berlin, Leipzig 1893, S. 70–72.

Mülinen, Wolfgang Friedrich von, Christoph von Graffenried, Landgraf von Carolina, Gründer von Neu-Bern, Bern 1896 (=Neujahrsblatt 1897, hg. v. Historischen Verein des Kantons Bern).

Ottomeyer, Hans/Schlapka, Axel, Biedermeier, Interieurs und Möbel, München 2000.

Rutishauser, Samuel, Kirche Worb BE, Schweizerische Kunstführer, hg. v. Gesellschaft für Schweizerische Kunstgeschichte, Bern 1985.

Sammlung Schweizerischer Rechtsquellen, II. Abteilung: Die Rechtsquellen des Kantons Bern, Zweiter Teil: Rechte der Landschaft, Bd. 4: Das Recht des Landgerichts Konolfingen, hg. v. Ernst Werder, Aarau 1950.
Schmid, Regula, Der Twingherrenstreit, in: Beer, Ellen J./Gramaccini, Norberto/Gutscher-Schmid, Charlotte/Schwinges Rainer C. (Hg.), Berns grosse Zeit. Das 15. Jahrhundert neu entdeckt, Bern 1999, S. 335.
Schneiter, Emil, Worb. Schloss und Dorf, Berner Heimatbücher, Bd. 76/77, Bern 1961.
Schweizer, Jürg, Der bernische Schlossbau im 15. Jahrhundert, in: Beer, Ellen J./Gramaccini, Norberto/Gutscher-Schmid, Charlotte/Schwinges Rainer C. (Hg.), Berns grosse Zeit. Das 15. Jahrhundert neu entdeckt, Bern 1999, S. 173–187.
Strübin Rindisbacher, Johanna, ...«ein neüwes schönes und kostbares Schloß»..., in: Schmidt, Heinrich Richard (Hg.), Geschichte der Gemeinde Worb (in Vorbereitung).

Tavel, Rudolf von, Der Landgraf und sein Sohn, in: Schweizer daheim und draussen, Novellen, Bern 1932, S. 173–267.
Thiel, Erika, Geschichte des Kostüms, Die europäische Mode von den Anfängen bis zur Gegenwart, 6., verbesserte und erweiterte Auflage, Berlin 1997.
Todd, Vincent H. (Hg.), Christoph von Graffenried's Account of the Founding of New Bern, Raleigh, North Carolina, 1920 (Nachdruck: Spartanburg 1973).

Ulrich-Bochsler, Susi/Schäublin, Elisabeth, Christoph von Graffenried (1661–1743), Gründer von New Bern. Historische Aspekte und anthropologische Befunde, in: Jahrbuch des Naturhistorischen Museums Bern, Bd. 9, 1987, S. 1–15.

Werder, Ernst, Die Entwicklung des Gewerbes im Amt Konolfingen, in: Archiv des Historischen Vereins des Kantons Bern 46, 1962, S. 350–454.

Unveröffentlichte Quellen, Pläne, Dokumentationen

Freudenberger, Franz Friedrich, Souvenirs de Worb, Zeichenalbum 1831. Seiten 35,5 x 23,7 cm, Wasserzeichen: Feder mit Kiel, «Gruner bey Bern», Kartoneinband mit Schuber. Burgerbibliothek Bern.

Goumoëns-Wyss, Eduard von, Lebenserinnerungen und Erfahrungen, Typoskript 1971.

Graffenried, Anton von (1639–1730), Tagebuch, Burgerbibliothek Bern (Mss Mül 466, I).

Graffenried, Anton von (1639–1730), Kaufbrief um die Herrschaft Worb 1721/22, Burgerbibliothek Bern, Familienarchiv von Graffenried (VII Gr 98/1).

Graffenried, Christoph von (1603–1687), Testament 1683, Burgerbibliothek Bern, Familienarchiv von Graffenried (VII Gr. 68).

Graffenried, Christoph von (1661–1743), Original des Berichtes über die Amerikareise in französischer Sprache, Bibliothèque publique, Yverdon.

Graffenried, Christoph von (1661–1743), Quellensammlung: zahlreiche Dokumente, darunter eigenhändige Reiseberichte, Lebenserinnerungen, Pläne, Burgerbibliothek Bern (Mss Mül 466, I).

Graffenried, Christoph von (1661–1743), Geltstag 1744, Staatsarchiv Bern, Geltstagsrödel (BXI 1423 Nr. 8).

Graffenried, Karl Emanuel von (1732–1780), Lebenslauf. Burgerbibliothek Bern, Familienarchiv von Graffenried (VII Gr. 218).

Herrschaftsarchiv Worb, Staatsachiv Bern
– Urbar der Herrschaft Worb (HA Worb Bücher 1, S. 1130–1132: Freiheitsbrief 23.10.1679)
– Herrschaftsbuch des Franz Ludwig von Graffenried, begonnen 1. Jan. 1741 (HA Worb Bücher 11)
– Hausbuch des Franz Ludwig von Graffenried, begonnen 1756 (HA Worb Bücher 14)
– Einkünftebuch der Herrschaft Worb, begonnen 1. Jan. 1782 (HA Worb Bücher 8)
– Herrschaftsbuch des Johann Rudolf von Sinner, begonnen 1792 (HA Worb Bücher 9).

Herrschaftsarchiv Worb, Staatsarchiv Bern (HA Worb Urkunden)
– 1742/43 Verzeichnis aller Haushaltungen, Hintersässen und sämtlicher Personen, die derzeit in der Herrschaft Worb wohnhaft sind
– 1792, Tauschbrief, 5. Jan., 1. April, und 1793, 24. April
– 1798, Verschiedene Rechnungen, darunter Holzrechnung
– 1841, 16. März, Mietvertrag um das Neue Schloss
– 1849, 24. Mai, Mietvertrag um das Neue Schloss
– 1850, 24. November, Mietvertrag um das Neue Schloss.

Herrschaftsarchiv Worb, Staatsarchiv Bern, Plansammlung, verschiedene Objekte (HA Worb 29, 30).

Maync, Wolf, Das Schloss Neu-Worb, Ein herrschaftlicher Landsitz aus dem späten Barock (Besitzergeschichtliche Studie), Typoskript o.J. (um 1985–1990).

Neuschloss Worb, Baupläne, um 1734, Staatsarchiv Bern (AA III 1108–1113).
Neuschloss Worb, Alternativprojekt, um 1734, Staatsarchiv Bern (AA III 1104–1107).
Neuschloss Worb, Fotodokumentation zum Umbau von Garten und Schloss, 6 Bde, 1985–1991, Archiv Charles von Graffenried.
Neuschloss Worb, Katasterpläne, Grundbuchamt Konolfingen, Schlosswil.
Neuschloss Worb, Sammlung von Bildern, Plänen und Akten zu den Bauphasen des 20. Jahrhunderts, Archiv Charles von Graffenried.

Rodt, Bernhard von, Genealogien burgerlicher Geschlechter der Stadt Bern, Bern 1950, Burgerbibliothek Bern.

Stürler, Albrecht, Testament, Staatsarchiv Bern, Testamentenbuch Bd. 22, 24. Mai 1745–29. Juli 1748, S. 546–552, (A I 856, S. 546–552).

Worb-Enggistein, Strassenplan, um 1833, Staatsarchiv Bern (AA VIII, II 393).
Worb-Richigen, Zehntplan, Nr. 1, 1815, Staatsarchiv Bern (AA IV 1244).

Worb, Schlossherrschaft und Gewerbe seit dem 14. Jahrhundert, mit Planaufnahmen des Alten Schlosses, Typoskript 1997, Denkmalpflege des Kantons Bern.

Abbildungsnachweis

Archiv Charles von Graffenried: Frontispiz, 6, 8, 27, 29, 32, 45, 49, 51, 52, 57, 59–61, 63, 81, 94, 96, 98, 105, 136, 145, 146, 152, 171; Foto Fred Braune: 133; Foto Gerhard Howald, Kirchlindach: 23, 24, 28, 31, 64, 77–80; Foto Iris Krebs, Bern: 11; Fotodokumentation zum Umbau: 5, 44, 65–72, 122, 123, 134, 135, 138, 140–143, 147–149.
Guido Albisetti, Bern: 156–165.
Bernische Haushaltungsschule Worb: 46, 47.
Bernisches Historisches Museum; Foto Stefan Rebsamen: 10, 48, 50.
Burgerbibliothek Bern: 1, 34–40, 43, 58, 102–104, 107–111, 116, 125, 153, 154.
Denkmalpflege des Kantons Bern, Foto Hermann von Fischer: 30, 144, Foto Gerhard Howald: 121.
Werner Forster, Worb: 73–76.
Grundbuchamt, Regierungsstatthalteramt Konolfingen, Schlosswil: Foto Gerhard Howald: 119, 120.
Privatbesitz: 124–132; Foto Gerhard Howald: 26, 41, 42, 54–56, 64, 117, 150, 151, 155, 166–169, ab Original lithografiert: 13, 53, 106.
Matthias Rindisbacher, Bern: 100, 101.
André Roulier, Zimmerwald: 3, 92, 137.
Staatsarchiv Bern: 4 (AA IV 1244), 12 (AA IV Konolfingen 27); Foto Gerhard Howald: 4 (AA IV 1244, Nr. 1), 14–17 (AA III 1110–1113), 18–21 (AA III 1104–1107), 22 (HA Worb 29, 4), 82 (AA III 1108), 84 (AA III 1109), 118 (AA VIII, II 393), 170 (HA Worb).
Stadtarchiv Bern: 25 (SP 38.2).
Peter Paul Stöckli, Landschaftsarchitekt, Wettingen: 139.
Johanna Strübin Rindisbacher, Bern: 2, 7, 9, 33, 62, 88, 93, 95, 97, 99.
Maja Tobler, Zürich: 87, 113, 115.
Olivier Zuber, Zürich: 85, 86, 89, 112, 114.

Aus Büchern: 85, 90, 91, 100, 101.

Die Neuschlossbesitzer – eine Kurzübersicht

von *Markus F. Rubli*
(aus «Neuschloss Worb», Ausgabe 1992)

I   Franz Ludwig von Graffenried (1.4.1703–7.12.1754).
    Sohn des Christophe von Graffenried (15.11.1661–11.12.1743),
    Gründer von New Bern.
    ⚭ I 15.4.1726 Katharina Margaretha Daxelhofer (23.10.1706–15.2.1729),
    ⚭ II 4.5.1730 Susanna Elisabeth von Graffenried (24.7.1711–22.2.1760).
    1745 Mitglied der 200, 1749–1754 Landvogt von Baden.
    1740 Oberherr zu Worb.

    Begann 1734 mit dem Bau des Neuschlosses Worb.

II Franz Ludwig von Graffenried (20.11.1729–14.5.1760).
    Sohn von I und Stiefbruder von III, starb unverheiratet.
    Mitherr zu Worb, überliess 1758 III seinen Anteil an Worb.

III Karl Emanuel von Graffenried (27.11.1732–5.8.1780).
    Sohn von I, Stiefbruder von II.
    ⚭ I   13.5.1756 Katharina Kirchberger (11.7.1738–1760),
    ⚭ II 22.4.1762(–1767) Anna Maria Otth (1732–19.7.1774),
    ⚭ III 19.9.1768 Katharina von Graffenried (28.8.1749–23.6.1833).
    Offizier in französischen Diensten, Mitherr zu Worb,
    ab 1758 Oberherr nach Übernahme des Anteiles von II,
    1764 Mitglied der 200, 1764–1770 Landvogt von Nidau.

    1792 verkauften seine Witwe und seine Kinder die Herrschaft Worb
    mit den beiden Schlössern an Johann Rudolf von Sinner.

IV Johann Rudolf von Sinner (29.11.1736–29.8.1806).
    ⚭ 5.11.1759 Maria Magdalena Manuel (26.8.1738–10.5.1813).
    Herr zu Valeyres und Clindy. 1775 Mitglied der 200,
    1787–1793 Schultheiss von Thun.

    Erwarb Worb von der Erbengemeinschaft von Graffenried.

V   Johann Rudolf von Sinner (9.9.1787–5.4.1811).
    Erbte Worb von IV, seinem Grossvater, starb aber unverheiratet
    während einer Italienreise in Rom.

VI Philipp Rudolf von Sinner (9.9.1760–30.12.1820).
    ⚭ 19.9.1786 Henriette von Mutach (29.2.1768–7.11.1841).
    1795 Mitglied der 200, Besitzer von Clindy.
    Erbte Worb von V, seinem Sohn, nachdem ihn IV in der Erbfolge
    übergangen hatte.

    Seine Witwe behielt die Worber Güter bis zu ihrem Tod im Jahre 1841.

VII Karl Friedrich Viktor von Goumoëns (6.5.1792–6.10.1843).
    ⚭ 25.9.1815 Amalia Elisabeth von Sinner (9.9.1794–6.1.1872),
    die ihm die Worber Besitzungen zubrachte.

    1823 Grossrat, 1823–1831 Oberamtmann von Aarwangen.
    Übernahm 1842 Worb, das seiner Gattin zugefallen war.

    1843–1872 war Gattin Amalia Elisabeth Besitzerin der beiden Schlösser.

VIII	Philipp Georg Friedrich von Goumoëns (2.8.1819–7.6.1879). ⚭ 29.4.1847 Sophie Maria Bertha von Effinger (10.5.1827–14.5.1907). Offizier in württembergischen Diensten, Gemeindepräsident von Worb. Übernahm die Besitzungen 1872, seine Witwe verkaufte die Güter ihrem Sohn IX im Jahre 1894.
IX	Ludwig Eugen Eduard von Goumoëns (29.10.1848–31.1.1934). ⚭ 28.7.1873 Sophie Bertha Marie Wyss (24.8.1850–2.3.1925). Burgerlicher Domänenverwalter. 1899 Trennung der beiden Worber Schlösser: das Alte Schloss wurde verkauft.
X	Johann Walter von Herrenschwand (7.12.1878–19.1.1926). ⚭ 14.10.1908 Nina Mees (23.10.1877–13.3.1963). Privatier in Worb. Kaufte 1908 das Neuschloss von Eduard von Goumoëns. Umfassender Umbau 1912/13 und Erweiterung durch die beiden Seitenflügel.
XI	Anne-Marie Mathilde von Herrenschwand (26.2.1914–16.5.1969). ⚭ Adrian Flores van Hall. Erbte die Hälfte des Neuschlosses von X, ihrem Vater, und bezahlte später ihre Neffen aus.
XII	Anne van Hall (29.5.1945). ⚭ Georges François Spagnoli. Haupterbin von XI, ihrer Mutter, bezahlte anschliessend ihre Miterben aus.
XIII	Charles von Graffenried (19.7.1925). ⚭ I 11.7.1951 (–1974) Charlotte von Muralt (9.4.1930), ⚭ II 8.4.1975 Christine Spycher (20.9.1948). Vater von sechs Kindern. Fürsprecher und Notar, Wirtschafts-, Finanz- und Rechtsberater in der Berner von Graffenried Gruppe (Dienstleistungen für das Vermögen: Liegenschaften, Privatbank, Treuhand und Rechtsberatung). Präsident der Espace Media Groupe (Berner Zeitung BZ). Erwarb 1985 das Neuschloss. Liess 1985–1996 den Landsitz gründlich restaurieren, die Südseite des Régencegartens wiederherstellen und fügte eine unterirdische Anlage mit Einstellhalle, Konferenz- und Empfangsräumlichkeiten hinzu.

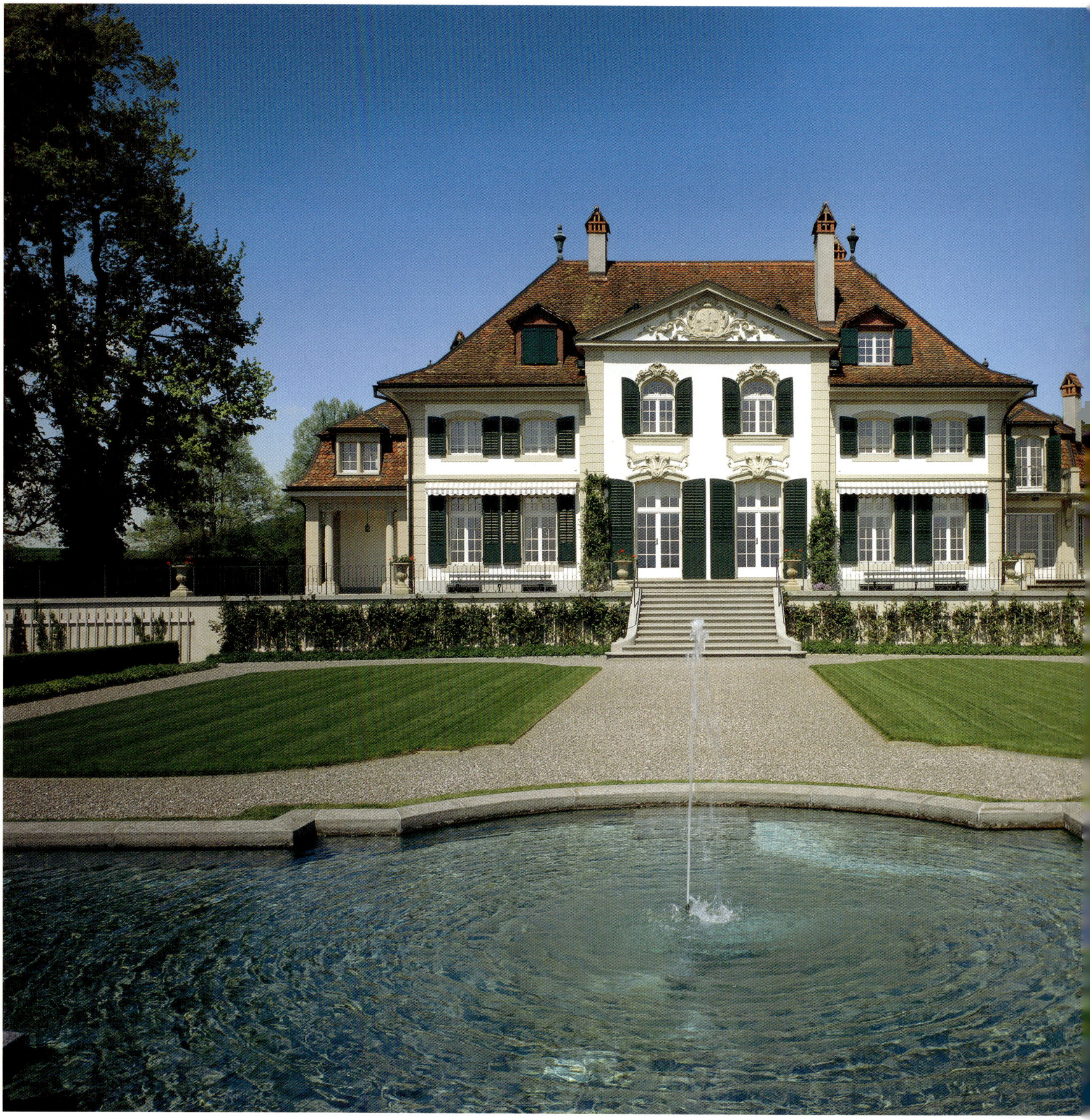

Übersichtstafel
zur Besitzergeschichte des Neuschlosses Worb

von *Markus F. Rubli*
(aus «Neuschloss Worb», Ausgabe 1992)

Abb. 171: Neuschloss Worb, Südfassade mit Mittelparterre des rekonstruierten spätbarocken Gartens. Im Vordergrund das Wasserbecken mit Springbrunnen.

Genealogie-Diagramm

1754 → Franz Ludwig von Graffenried (1729–1759)

Franz Ludwig von Graffenried (1703–1745) ⚭ Susanna Elisabeth von Graffenried (1711–1791)

1758 → Friedrich von Graffenried (1731–1752)

1754, **1780**, **1791** → Karl Emanuel von Graffenried (1732–1780) ⚭ Katharina von Graffenried (1749–1833)

1791 → Emanuel von Graffenried (1763–1814)

Katharina Elisabeth von Graffenried (1759–1793) ⚭ Thormann

Sophie Elisabeth von Graffenried (1769–1834)

Maria Johanna von Graffenried (1770–?)

Julia von Graffenried (1777–1843)

1791, **1792**

1792, **1806** → Johann Rudolf von Sinner (1736–1806)

1820 → Philipp Rudolf von Sinner (1760–1820) ⚭ Henriette von Mutach (1768–1841)

1811 → Johann Rudolf von Sinner (1787–1811)

1843, **1841** → Amalia Elisabeth von Sinner (1794–1872) ⚭ Karl Friedrich Viktor von Goumoëns (1792–1843)

1842, **1841** → Henriette Maria von Sinner (1790–1858) ⚭ von Wattenwyl

Julia von Sinner (1792–1828) ⚭ Wurstemberger

1841

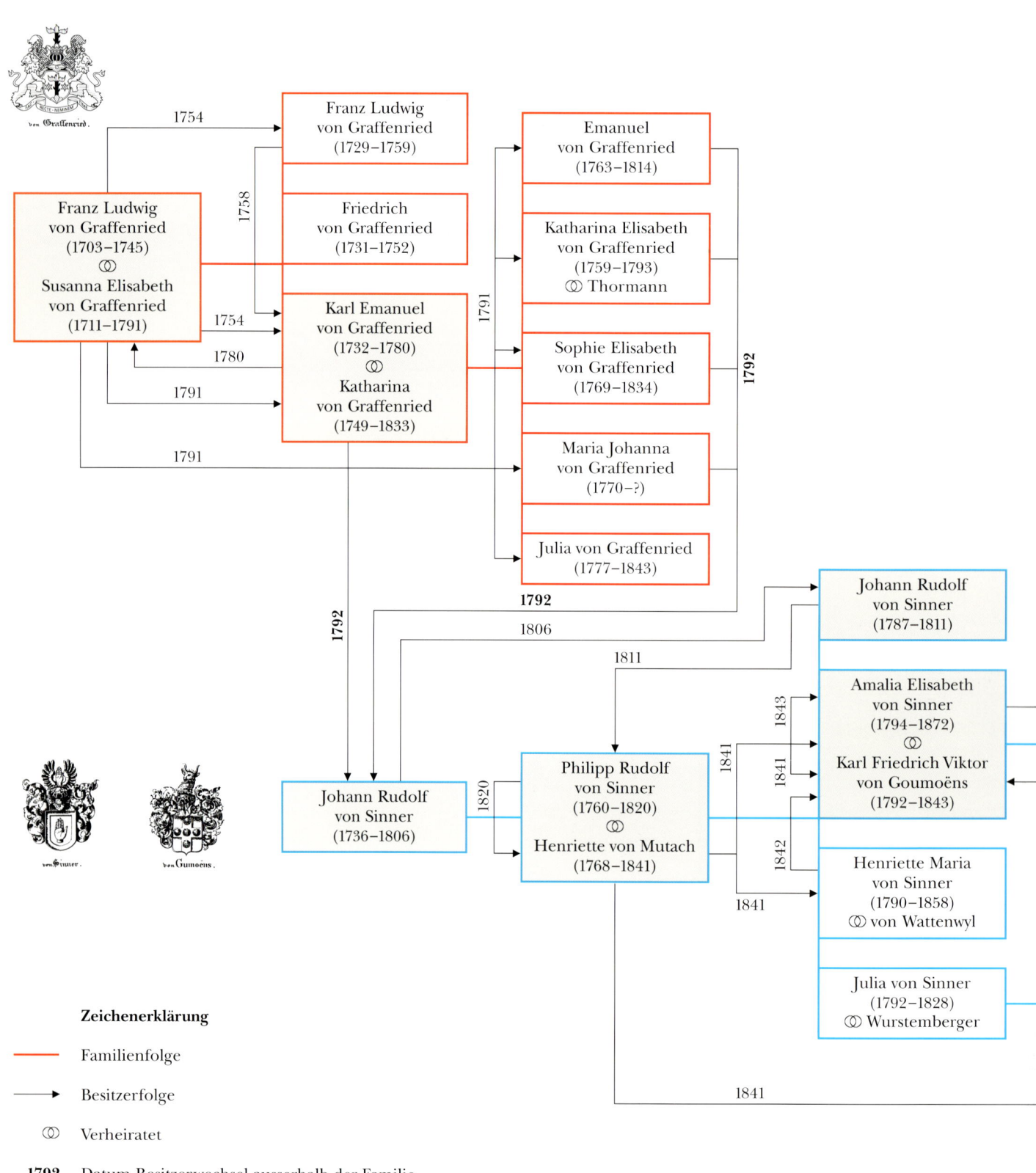

Zeichenerklärung

— Familienfolge

→ Besitzerfolge

⚭ Verheiratet

1792 Datum Besitzerwechsel ausserhalb der Familie

1791 Abtretungen innerhalb der Familie

Alleinige Besitzer des Neuschlosses

142

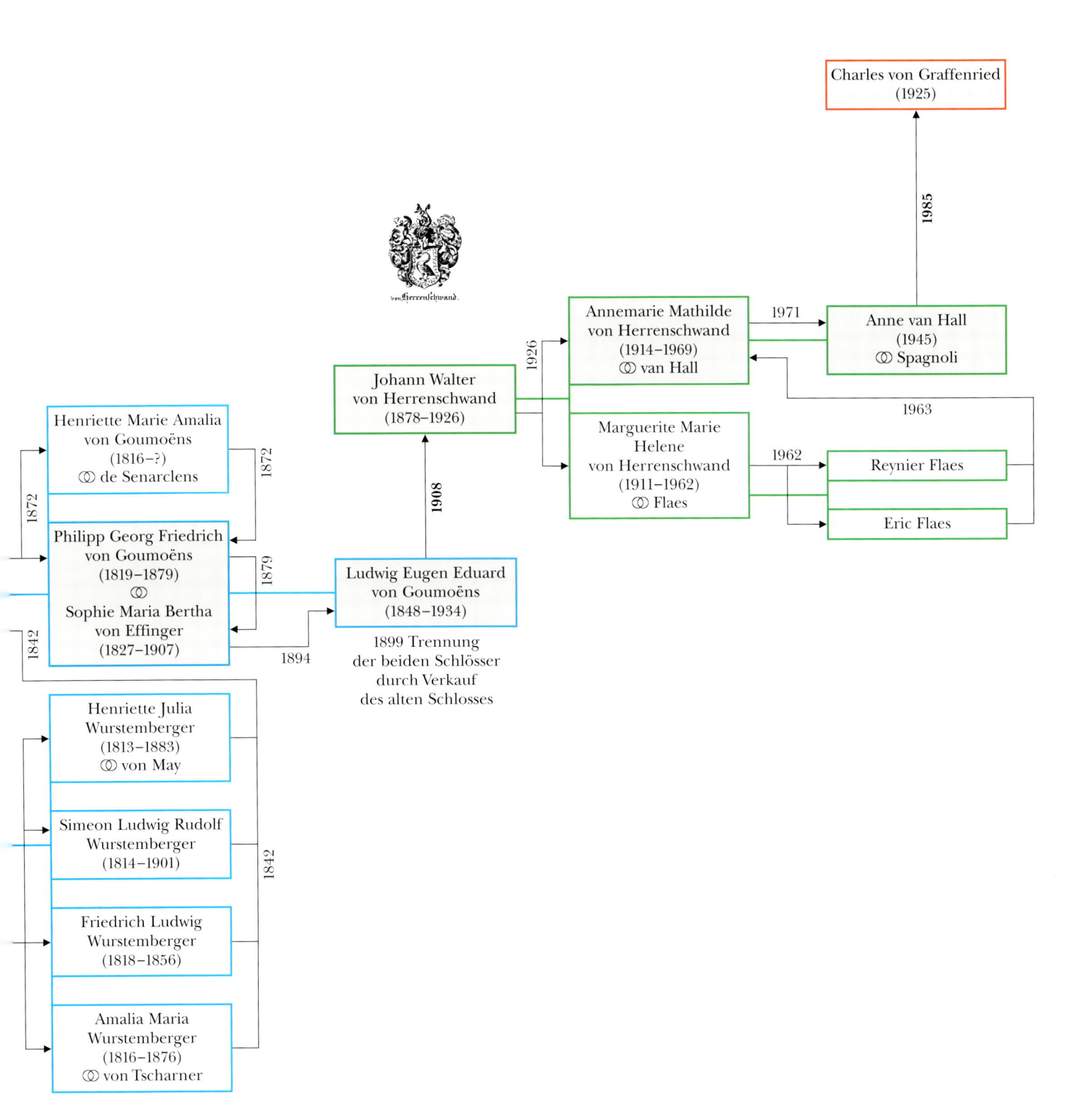

Charles von Graffenried (1925)

```
Henriette Marie Amalia von Goumoëns (1816–?) ⚭ de Senarclens
                                                    │ 1872
Philipp Georg Friedrich von Goumoëns (1819–1879) ⚭ Sophie Maria Bertha von Effinger (1827–1907)
                                                    │ 1879
                                                    │ 1894
Ludwig Eugen Eduard von Goumoëns (1848–1934)
1899 Trennung der beiden Schlösser durch Verkauf des alten Schlosses
                                                    │ 1908
Johann Walter von Herrenschwand (1878–1926)
                                                    │ 1926
├── Annemarie Mathilde von Herrenschwand (1914–1969) ⚭ van Hall
│       │ 1971
│   Anne van Hall (1945) ⚭ Spagnoli
│       │ 1985
│   Charles von Graffenried (1925)
└── Marguerite Marie Helene von Herrenschwand (1911–1962) ⚭ Flaes
        │ 1962
    Reynier Flaes
    Eric Flaes
        │ 1963

Henriette Julia Wurstemberger (1813–1883) ⚭ von May
Simeon Ludwig Rudolf Wurstemberger (1814–1901)
Friedrich Ludwig Wurstemberger (1818–1856)
Amalia Maria Wurstemberger (1816–1876) ⚭ von Tscharner
                                                    │ 1842
```

143